## 编辑小组

| | | |
|---|---|---|
| 张志清 | 刘玉才 | 卢芳玉 |
| 曹菁菁 | 白鸿叶 | 汪桂海 |
| 苏品红 | 林世田 | 陈红彦 |

# 中国典籍与文化

ZHONG GUO DIAN JI YU WEN HUA

## 第三辑

◎国家图书馆善本特藏部
◎《中国典籍与文化》编辑部 编

讲座丛书 第二编

北京圖書館出版社

**图书在版编目（CIP）数据**

中国典籍与文化．第三辑/国家图书馆善本特藏部，《中国典籍与文化》编辑部编．—北京：北京图书馆出版社，2008.4

ISBN 978-7-5013-3618-0

Ⅰ．中…　Ⅱ．①国…②中…　Ⅲ．①典籍-中国-文集　②文化-中国-文集　Ⅳ．K203-53

中国版本图书馆CIP数据核字（2008）第031112号

**书名**　中国典籍与文化（第三辑）
**著者**　国家图书馆善本特藏部　《中国典籍与文化》编辑部

---

**出版**　北京图书馆出版社（100034　北京市西城区文津街7号）
**发行**　010-66139745，　66175620，　66126153
66174391（传真），66126156（门市部）
**E-mail**　cbs@nlc.gov.cn（投稿）　btsfxb@nlc.gov.cn（邮购）
**Website**　www.nlcpress.com
**经销**　新华书店
**印刷**　北京地质印刷厂

---

**开本**　787×1092（毫米）1/16
**印张**　9
**版次**　2008年4月第一版第一次印刷
**印数**　1—5000册（套）

---

**书号**　ISBN 978-7-5013-3618-0/G·761
**定价**　20.00元

# 目录

启功

# 沈约四声及其与印度文化的关系①

启功（1912—2005），满族，北京人。姓爱新觉罗，字元伯，别署元白、少文、长庆。室名简晴堂、坚净居。康熙帝十一代孙，曾祖、祖父皆入翰林，后家道中落。幼年丧父，失学而不堕其志，用功于书法、文辞、绘画等项，刻苦自励，投师问道。中学未毕业，21 岁受聘辅仁大学附属中学国文教席，从此走上教育岗位。曾任辅仁大学助教、讲师、副教授，新中国成立后担任北京师范大学副教授、教授。精于博物文献鉴识，先后兼任故宫博物院古物馆文献馆专门委员、故宫博物院顾问、中国历史博物馆顾问、国务院古籍整理规划小组成员、国家文物委员会委员、国家文物鉴定委员会主任委员。还曾担任全国政协常委，中央文史馆馆长，中国书法家协会副主席、主席、名誉主席。著作有《古代字体论稿》、《诗文声律论稿》、《启功丛稿》、《启功韵语》、《论书绝句》、《启功书画留影册》等。

中国的诗歌格律从南朝沈约开始，才算有了一个系统的说法。这个系统说法见于《南史》、《南齐书》等书，但不知是它们抄了沈约的说法，还是都运用了同一种理论，现在都无法考证，我也不能详细研究这个问题。我只是想把自己对"四声"以及它和印度文化的关系的认识讲出来，请大家批评。

齐武帝萧赜永明时期，他的一个臣下沈约提出了"四声"（也就是今天说的平上去入）的问题，后人于是就认为"四声"是沈约创造的。后来，还有人把诗歌的"八病说"，也算作沈约的。到了唐朝，又有了"二十八种病说"，《文镜秘府论》就是这样讲的，解释得很琐碎。我们现在看有些并不够一个病，比如同平、同仄，就叫做"同声"，此外，如果从头至尾都押东韵，也叫同声，或者同韵。那它到底指什么呢？二十八病在不久就没有人再提了，最后只剩了八病，算是沈约提出来的。到唐朝皎然《诗式》，也把八病归于沈约。但是，沈约提出了四声的现象，并没有明确的四声概念，他自己的著作里也没有提过八种病。《文镜秘府论》的作者是日本和尚空海，即遍照金刚，他是学密宗的。密宗在中国已经没有了，密宗传入西藏的是藏密，传入日本的叫东密。但在藏密里有没有八病，我不知道。空海所传的东密里，也没有人专门对八病进行研究。

在沈约撰写的《宋书·谢灵运传论》里，对八病的现象倒是有解说。他说了一句很重要的话："若前有浮声，则后须切响。""浮声"就是扬调，即平声，"切响"就是抑调，即仄声。他的意思是说，前头要是平声，后头一定是仄声。这个说法我们好理解。但是，究竟这个说法是从印度传来的，还是沈约自己理解的，他推测出来的？不知道。他又举了许多例句，"子建函京之作，仲宣霸岸之篇，子荆零雨之章，正长朔风之句"。但他讲到的也就这么多。

可是，清朝中期以后，又出现了一种说法，说四声不是沈约推测出来的，而是曹子建在鱼山听人做梵呗，就是佛教唱偈语时从中悟出有四声[2]。这种说法就值得我们思考。因为清朝中期以后,出现了一种现象,把什么都说成是从外国传来的,似乎中国人什么都不会,外国的理论传到中国,中国人接受了之后,就成了中国人的一个很特殊的文化发明。我今天在这里说这话,也是冒了天下之大不韪。因为这很容易被人说成是狭隘的民族主义。我们过去曾经认为,凡是外国有的,中国就一定早就有了,看见飞机,就说中国早有飞机,因为我们早已会放风筝。可是,放风筝就能代替飞机吗?这个毛病是中国人自高自大的表现,我们不能讳言。

但是,另一种现象也不好:以为中国什么都是从外国来的,似乎中国连吃饭都是看某种动物吃东西才学会的。所以四声是曹子建听梵呗而来的说法我同样不能接受。假如四声真是曹子建听鱼山梵呗而来的,那离永明还有一大段时间。在历史上,只有到了永明时期,沈约等人才公开讲究做文章,而且还要在文章里加上四声的韵调,来增加文章的美感。不能说那时大家什么都不会,全都是从印度传来的。清朝中期之所以那么说,是因为那时有人认为中国保守不行,提倡解放思想,认为应该多吸收外国的进步的科学和办法,这个用意其实也不错。但是,他们硬说沈约的永明声律也是吸收了印度的学说,就有些不太合适了。

如果把这个问题往远些说,印度文化也存在同样的情况。亚历山大从希腊打到印度之后,在印度创立了一种希腊化的印度文化,叫犍陀罗(gandhare)。有人就说,印度的文化都是从希腊传来的,印度人对此非常反感,对犍陀罗也非常反对。新中国成立前夕到成立初,我教过几个印度学生,他们就这样说。印度一位讲美术史的学者(音译为“南大拉伯嘶”),写了厚厚的一本书,就彻底地批判犍陀罗。在印度,有好多的佛像都是犍陀罗化的,是按照希腊的风格雕塑出来的,面部的肉很多。北京大学有一位已经故去的学者阎文儒[3],非常博学,他在“文革”前讲美术史,在讲稿里就处处讲,说印度文化就是犍陀罗文化。我对他说不是这样的,印度人很反对别人说印度文化是犍陀罗文化。他还不服,我说你看你用的这个插图就是印度本土的佛像,不是犍陀罗的脸上肉很多的佛像。

改革开放后,思想解放了,我们哪些是学了西方的,哪些不是学西方的,这个都可以说,毋庸讳言。清朝中期西太后等人,就是利用义和团想把东交民巷的西洋人都杀了，义和团打出的口号就是“扶清灭洋”，西太后以为把洋人灭了就天下太平了。但是，靠少数人能灭洋吗？把洋灭了，清朝就能够扶起来吗？像西太后这样的措施，能够使清朝复兴吗？不可能的。有一次，谭延闿去看翰林院掌院大学士、军机大臣徐桐，徐桐问谭延闿知道现在有哪些鬼子吗，谭说不知道。徐桐告诉他说今天来的这几个人中哪几个是葡萄牙的，又有哪几个是西班牙的。其实都是那么几个人，只不过今天穿这样的衣服，冒充这个国家的，明天又穿那样的衣服，冒充那个国家的。谭延闿出来以后，坐在车上大笑不止，感慨万分地说：“吾属为虏。”——我们早晚要完在这帮无知的人手里。谭延闿记载此事的手卷现在就保留在我的手里。当时朝廷真是迂腐、愚昧到了极点，以为把东交民巷里的几个西洋人杀了，就天下太平了。在这种形势下，再怎么说中国的文化都是犍陀罗文化，又有多少用处呢？那时候国家有一定的苦衷，太落后，所以有人就宣传西方文化有什么用处，但中国人当时并没有由此就接受了它。

然而没想到，今天还有人大肆宣讲说中国的诗歌格律是印度的规律，这简直是太没道理了。我们知道，中国的文化属于汉藏语系。有一位从菩提学会调到北师大的深通梵文的学者于敏就曾对我说，汉藏语系跟印欧语系很不一样。汉语是由多少音素构成的，如“东”有三个语素（d—o—ng），合起来组成一个音节，这个音节就是汉字。陆法言编《切韵》，里面都是一个一个的汉字，有206个韵部。宋朝《礼部韵略》删到100多部，一直到金朝平水郡刘渊刻的《礼部韵略》，还有106部，一个字代表一个音，一个字里尽管有几个音素，但写出一个字来，就是几个音素变成一个音节，这就是汉语的特点。《四阿含经》的“阿含”两个字，印度原来读作“啊—啦—干”（agama），可见印度的梵音，拼写一个词汇，要把几个音素都读出来，汉语把它翻译出来，几个音素能融合在一起的，就用一个字表示，把它连起来。两种确实是很不一样的。就算永明声律是沈约吸收了印度语音的发音特点，也不见得就能完全变成“子建函京之作，仲宣霸岸之篇，子荆零雨之章，正长朔风之句”，那是不可能的。

再举一个比较直接的例子，鸠摩罗什翻译佛经的偈，如《金刚经》中的“一切有为法，如梦幻泡影，如露亦如电，应做如是观”，既不合中国的韵，更不合永明声律的韵。鸠摩罗什翻译的这些佛经都在永明声律之前，它是把印度的语言直接变成了汉语。沈约所谓“子建函京之作”，指曹子建《赠丁仪王粲》的“从军度函谷，驱马过西京”，“度函谷”是仄平仄，“过西京”是仄平平。沈约在四个人里，每人举两句，一共八句，八句都是下一句是律句，上一句是配搭。现在外国有人把敦煌的残卷配搭起来，说其中有一种是诗歌，翻译过来叫《律诗变体》，印度哪里有什么律调？还有人说，印度人写过戏曲理论。但他们也没法讲出它与中国的律诗有哪些密切联系的地方。沈约举的王粲《七哀诗》中的“南登霸陵岸，回首望长安”，“霸陵岸”是仄平仄，不合律调，但“望长安”是仄平平，合乎律调，于是沈约认为这首诗也是合乎律调的。孙楚“零雨被秋草”，是仄仄平平仄，合乎律调，王瓒“边马有归心”，是平仄仄平平，也合乎律调。沈约举的这四个人的八句诗，有七句都是合乎律调的。他并没有举来自印度的合乎律调的句子，可见他不是受印度的影响才认识声律的。沈约再往上《诗经》的时代，中国跟印度还没有任何来往，但《关雎》中的“关关雎鸠，在河之洲。窈窕淑女，君子好逑”，就已经完全合韵了。鸠、洲、逑，为一个韵。“参差荇菜，左右流之。窈窕淑女，寤寐求之。求之不得，寤寐思服。悠哉悠哉，展转反侧。”这些句子也是很押韵的。句子的末尾，也有合乎规律的间隔，菜、之、女、之，是平平仄平，得、服、哉、侧，是仄仄平仄，很注重平仄的搭配。两个平，一个仄，再一个平。或者是两个仄，一个平，再一个仄。诸如此类，还有很多。春秋战国时，印度的文化根本没有进到中国来。现在有人不但讲中国的文化是从印度传来的，还加上一句，说是印度的犍陀罗文化传到了中国来。讲中国的诗、中国的戏剧、中国的四声，是受印度的文化影响而来的，而且还说是受亚历山大传去的希腊化的印度文化影响而来的。这是更不能让人接受的。汉朝初年贾谊有一篇《过秦论》，里面有三组人名字组成的句子：“宁越、徐尚、苏秦、杜赫之属为之谋，齐明、周最、陈轸、召滑、楼缓、翟景、苏厉、乐毅之徒通其意，吴起、孙膑、带佗、儿良、王廖、田忌、廉颇、赵奢之伦制其兵。”每半句中末三字都是合律的。人的名字本来是最不容易合律的，但这里却很自然地放在一起，非常合乎韵律。这说明汉朝初年的人，就已经比较有意识地运用韵律了。但它决不是犍陀罗文化，也不是从印度传来的。

这里还有一个问题，诗歌的韵到底是怎么回事。清朝的《佩文韵府》，宋朝的《礼部韵略》，再往前的《广韵》，都是从陆法言的《切韵》来的。陆法言为什么编《切韵》？后来做诗的为什么都要查里面的韵部？清朝咸丰时有一个叫高心夔的，他是顾命大臣肃顺的心腹，肃顺很想让他中举。不料高心夔做了一首试帖诗，把十三元里的一个韵押成了别的韵，结果犯规了。陆法言编《切韵》，本来就是让大家对读音有一个统一的读法，大家做的诗，做的韵文，不至于念成地方的方音。他的目的不过如此。后来，考举人，考进士，押韵都必须依照这个统一标准。高心夔在考试时，就在十三元这个韵部里出了问题。当时考试的等级划为四等，相当于现在的优、良、中、劣。高心夔押韵错了，就被打到四等。两次复试，结果仍然落了四等。王闿运写了一副对联，说："平生双四等，该死十三元。"④进行挖苦。陆法言编《切韵》，指出一个字在各地的不同读音。读音的不统一很常见，比如现在小孩管父亲叫"父亲"，"父"是一个清唇音，叫爸爸的"爸"是重唇音，而重唇音是先起的音，清唇音则是后起的读音。《切韵》就是统一这一类读音问题的。《切韵》的序说："我辈数人，定则定矣。"但《切韵》里还有"又音"，指出一个字又读作什么音，这实在是他没有办法统一。到宋朝又加了许多的韵，成了《广韵》。宋朝用《礼部韵略》来规定科举，清朝康熙时叫做《佩文诗韵》，明确地说是做诗的韵。现在说诗的韵都与印度传来的文化有关，这就差得太远了。所以，《切韵》是统一文字读音的，并不是规定做诗的韵，沈约当初所说的四声，则连诗的韵都不是，只是诗句中的平仄搭配。现在的人不了解古音的发展情况，把什么都往沈约头上加，说《切韵》也是他编的。民间的人都知道沈约是浙江湖州人，于是有人就说《切韵》也是湖州佬编的。这些说法都非常渺茫。



沈约说出了曹子建等人做诗的四声情况，有人说四声是受印度文化影响才产生的，而且还说是受印度的犍陀罗文化影响；又说《切韵》也是沈约编的，这可见沈约确实是蒙受了许多的不白之冤。

**注释：**

①本文是根据启功先生 2001 年 10 月 28 日在国家图书馆的演讲录音整理

而成，曾被收入《启功讲学录》，先后由北京师范大学出版社（2004年7月）和中华书局（香港）有限公司（2005年6月）出版。现对原整理稿中的个别讹误进行修正，重新辑入《中国典籍与文化》第三辑中，以表达对启功先生的崇高敬意和深切怀念。

②整理者按：杭世骏《三国志补注》卷三注《三国志》"曹植传""初植登鱼山，临东阿，喟然有终焉之心"一句，引《异苑》云："陈思王尝登鱼山，临东阿，忽闻岩岫里有诵经声，清遒深亮，远谷流响，肃然有灵气，不觉敛衿祗敬，便有终焉之志，即效而则之，今之梵唱，皆植依拟所造。"

③整理者按：阎文儒（1912—1994），北京大学考古系教授，著有《中国石窟艺术总论》、《中国雕塑艺术纲要》等著作。

④整理者按：一说是"二年双四等，该死十三元"。

韩昇

# 日本正仓院与中国出土文物

韩昇，复旦大学历史学系教授，日本研究中心、韩国研究中心研究员，博士生导师。兼任日本东京大学东洋文化研究所、明治大学文学部、关西大学东西学术研究所、九州大学文学部研究员。主要研究方向：魏晋南北朝隋唐史，古代东亚文化交流史和佛教史。出版《日本古代的大陆移民研究》、《隋文帝传》、《正仓院》等著作多部，《隋唐帝国与东亚》、《隋唐佛教文化》等译著十余部。

正仓院是日本奈良时代、也就是与中国唐代同一时期的国家寺院——东大寺的一个仓库。这个仓库里收藏了相当于盛唐时期，也就是公元8世纪日本皇室——天皇使用的东西，从日常生活用品，直至国家政治、祭祀、宗教等各方面的器物，都完整地保存在里面。正仓院在1999年被认定为世界文化遗产。

正仓院是日本圣武天皇建造的。圣武天皇是日本第45代天皇，他主政的年代，正值中国盛唐时期，他使用“神龟”、“天平”和“天平感宝”三个年号，尤其是“天平”年号，用了20年，此后的三代天皇，都以“天平”来命名年号，如“天平胜宝”、“天平宝字”和“天平神护”。因此，“天平”成为奈良时代的象征。这个时代的最基本的特点，就是全面学习唐朝，全面移植唐朝文化，一切都以唐为荣。圣武天皇是一个非常热爱中国文化的天皇。他在位的时候，把佛教推尊为国家宗教，并建造了一座国家佛教总寺院——东大寺。

东大寺的规模非常大，里面有号称世界上最大的室内大铜佛。东大寺应该说是一个唐式建筑，可我们现在看到的，已经不太像了，有些部分已经变了。如正殿大门的屋顶是像武士盔甲一样的建筑。这是因为东大寺原先的唐式建筑曾经被兵燹雷火烧掉过，现在见到的是大概300多年前重建的建筑。重建时，在原先唐式建筑上面，做了一些改动。它的屋顶明显变小、变短了，但仍可以看到一点唐朝的味道。

上面提到的号称世界上最大的室内大铜佛，究竟有多大呢？我们看到这尊铜佛身上站满了人，每个人都显得很小。我们再做一个对比，这座大殿的旁边，有根木头柱子，柱子下面特地开了一个孔，孔径跟大佛的鼻子一样大。一般人到东大寺参观，都到大殿里面拜这尊铜佛。有个说法，说如果人能够钻过这个洞，就会沾大佛的福气。这个洞我曾经去钻过，我能钻过去，铜佛的鼻孔就有这么大。他手掌上可以站十几个人，有二十几米、将近三十米高。这样巨大的铜佛，只有作为国家事业才能做得出来。

日本早期佛教是从中国江南传入的，其中，司马家族起了十分重要的作用。司马家族是中国西晋的皇室，后来由于东晋内部政治斗争和政权更替，家族成员流亡各地，其中有一支移居到日本。据考证，移居到日本的这支司马家族最早把佛教传到日本。他们迁徙到日本之后，主要从事皮革、金属制作，故被称为“鞍作部”。日本最初的铜像，均由司马氏族来铸造，对日本早期佛像影响深远。这尊铜佛，就完全是唐朝的风格。

正仓院是东大寺附属的仓库。这个仓库，本身就是日本的国宝，因为其主体建筑是相当于唐代的精美木构建筑。唐代木构建筑，据我所知在中国是一件也没保存下来。我们几件所谓的唐代建筑，其实都是一些土基，上面的木构部分是后代重修的。而在日本，尤其在奈良，现存有大量的唐代木构建筑，正仓院就是其中之一。

与东大寺、正仓院有关的另一位关键人物是光明皇后，她是圣武天皇的皇后。说到光明皇后，我们首先得介绍一下日本古代天皇家族的婚姻制度。在古代日本，天皇家族为了保持高贵血统的纯正，一直实行族内婚。后来，婚姻的范围略有扩大，“大化改新”功臣后裔藤原家，成为皇室通婚的家族。藤原家族原姓中臣，这个家族飞黄腾达，是因为中臣镰足在“大化改新”中立下大功，成为革新的核心人物，天智天皇赐予他“藤原”姓。藤原就成为日本的天皇系列以外最高贵的家族。只有藤原家可以和天皇通婚。如中臣镰足的两个女儿都嫁给了天武天皇为妃；藤原不比等的两个女儿，又分别成为两代天皇的妃子，宫子嫁给文武天皇，光明子嫁给圣武天皇，她们两人在藤原家为姊妹，在天皇家则为婆媳。



光明子就是光明皇后，她打破了天皇家的规矩，以非皇族血统，成为皇后。由此可以看出，光明皇后是一个性格刚强的女性。如果不是血统的限制，她完全有可能在圣武天皇逝世后成为又一个女天皇。光明皇后与圣武天皇的感情特别深，圣武天皇死后，她止不住对丈夫的追忆，宫内摆设的器物，都会让她触景生情，感到无比的悲切和空寂。于是她把圣武天皇生前常用的东西分五批捐赠给了正仓院，严加保管。这些物品一一记录在册，上面钤满天皇的玺印，成为正仓院藏品的珍贵目录，称作《东大寺献物帐》。

光明皇后所捐的器物以及东大寺本身的器物加起来约 8000 件，全部收藏在正仓院。正仓院的管理极其严格。为了保护库藏文物，必须进行清点和曝晾。每一次开仓，都留下详细的记载。根据记载，我们了解到从正仓院收藏圣武天皇遗物以来，一直到明治开国为止，1000 多年间，正仓院只进行了 12 次清点曝晾，它笼罩在神秘的气氛中。

日本实行明治维新以后，为了向世界夸耀日本悠久的文明，明治八年（1875），对正仓院藏品开展调查，并在东大寺初次展出部分藏品。但是，由于展览和文物保护的矛盾，这个展览不常举办。第二次世界大战以后，随着文物保护技术和展馆的现代化，从 1946 年开始，奈良博物馆利用每年清点库房的机会，举办正仓院国宝展。从此，正仓院引起了全世界的高度关注，希望了解古代东方文明的人们从四面八方涌向奈良，每年 10 月深秋，短短 20 余日的展览，引来数万的观众，每天人山人海，盛况非凡。

从 1946 年以来，正仓院虽然举办了 50 多次展览，然而，作为正仓院藏品的主要来源国，我国对正仓院的情况知者甚少，不能不感到十分遗憾。2003 年，我们经过多方努力，获得日本正仓院事务所的同意，得到奈良博物馆等有关单位的积极支持，终于有幸第一次踏入正仓院实地拍摄。



正仓院的东面是古木环抱的池塘。踩着一地朝阳铺洒的小路，正仓院静静地耸立在细白沙石地上，相隔数十米远，四周树木青翠，日夜相守，静寂中透露出庄重和神秘。自然和谐的美景，却是无微不至的呵护。寺塔倒映的池塘，防备着万一的火灾；细沙地虽说是日本庭院的特色，却也为了隔断火势蔓延；树木种植于安全距离外，同样为了做到万无一失。日本人的细腻举世闻名的，一草一木，处处用心，却仿佛是自然天成。

正仓院是典型的干栏式建筑，40 根直径 60 厘米的柱子，高高托起这座宝库，离开多雨潮湿的地面；柔软的结构，抵抗住千余年来的地震山摇。

北仓和南仓都用 12 米长、30 厘米宽的木料纵横交错搭建而成。北仓保存的全部是光明皇后捐赠的宝物。南仓就比较杂了，有皇室的东西，也有东大寺的东西。但是东大寺本身也是国家总寺，所以它的器物也非常好。

然而，正仓院的中仓却用木板建成，显得简易而醒目，引来众多猜想，很可能设计者当初构想的是两座仓库，中间透空连接，以增强其抗震性。十分幸运的是，我们在日本另一个世界文化遗产的千年古寺法隆寺网封藏找到了这种建筑的踪影，而且在珍贵的古代画卷《信贵山缘起绘卷》里，也看到了这种正仓建筑样式。

由此推测，中仓很可能是后来用木板将连接南、北二仓的中间部分封闭而成的。

敕封是正仓院管理上非常重要的制度。正仓院根据天皇的命令，举行敕封仪式。封条上明记天皇的命令，或者花押，钤上封印。仓库门锁上捆着麻绳，麻绳打死结，天皇的敕令卷成小卷，用竹皮包裹，打在麻绳结里。只有天皇下达开封的敕令，才能剪开麻绳结开锁。而门锁钥匙由朝廷保管。收藏光明皇后捐赠品的北仓，管理最为严格，最早实行敕封。而后，平安时代，中仓也实行敕封。只有收藏东大寺珍贵物品的南仓，长期交由东大寺管理，一直到明治八年(1875)，正仓院才统一移交国家管理，全部实行敕封。

20 世纪 50 年代，为了用现代化手段更好地保护文物，日本在正仓院西面建造了钢筋水泥的西宝库，珍贵的藏品大部分转移到西宝库保管。



正仓院的文物具有非常高的价值，无与伦比。正仓院本身作为一个博物馆，除了世界文化遗产以外，用 1000 多年的木构建筑作为博物馆，在世界上也是唯一的。它的第一个价值在于，其器物所传承的年代是非常清楚的。当时光明皇后捐赠的时候，有清晰的目录留下来，其年代、传承经过都非常清楚，所以它非常可靠，我们研究时可以在目录上进行比对；第二个价值在于，它是皇室的文物而且是天皇生前使用的、并且最喜欢的东西，这又是非常难得的，不是考古发掘的墓葬品所能比拟，其价值难以估量。

正仓院 8000 件文物，其来源我把它大致分为三类。第一，来自中国。虽然它存于日本，但其大部分文物，而且是精品的部分，实际上都来自唐朝。因为很多文物是唐朝的皇帝赐给日本天皇的，所以级别很高、很精美，连我们中国也没发现。第二，来自朝鲜。从中国到日本的主要通道是朝鲜，而朝鲜的文物，跟着这一条通道也过去了一部分。还有一部分文物来自中亚。中亚的文物由两条路进入日本，一条是经中国再到日本。通过中国再到日本的文物里面经常夹进了唐朝的因素，即中亚的文物到中国，经过中国的一些变化,再传到日本的;还有一条是不经过中国,而由西伯利亚通道传到日本。

由此我们可以说,正仓院的大部分文物,一类是属于唐朝文物的精品器物;第二类是日本和朝鲜两国模仿唐朝的器物;第三类是唐朝对中亚文化吸收融合以后,向东传播的器物以及中亚的文物。这三类文物,对研究中国史、研究东亚世界、研究中日关系史、研究中韩关系史都具有非常高的价值。我们现在的学术研究,特别关注西域,研究文化器物怎样从西域传到中国,中西比较等等,这都无可厚非。但是,我觉得还应该多投入一些人力,注意日本。在日本保存的中国的东西,无论是文书、器物、图书等,其价值、规模、数量都远远超过敦煌吐鲁番文书。现在到日本去随便找,你都能找到特别珍贵的东西,像 2008 年初,上海人民出版社出一部由我编的《北宋版通典》。北宋版的《通典》,我们中国没有,国图、上图、北大图书馆有的都是南宋版。最早的北宋版,唯有一部,现在就收藏在日本。当年著名藏书家傅增湘先生在《藏园群书经眼录》里记录了一部北宋版,后来卖给日本,现在藏于日本天理图书馆。然而,根据最新的研究,这个本子也是南宋版,而不是北宋版本。



研究正仓院,我觉得中国的学者具有特殊的优势。这个优势在于,第一,正仓院的文物,对日本学者来说,很难触摸到。前面已经讲过,正仓院的文物一年只展出 20 多天,展出期间文物放在玻璃橱窗里。日本研究正仓院的学者,除了正仓院事务所少数几位专家能触摸到器物进行研究之外,其余日本学者都只能通过照片进行研究。如对正仓院颇有研究的东野治之先生,我曾经问他如何研究正仓院文物,他说也是通过照片进行的。通过照片进行研究,我们也能够做到。所以,和日本学者相比,研究起点还比较公平。第二,正仓院的很多文物要搞清楚它的源流,需要通过中国的文物来进行。众所周知,新中国成立以来,中国出土的文物量非常大,很多新出土的文物,可以把日本正仓院文物的源流搞清楚。这方面的比较研究,恰恰是中国学者的优势所在。因为我们可以接触到中国出土的文物。

正仓院的文物是如何从中国传入日本的呢?我想有这么几种途径,第一种是官方的途径。官方途径就是从隋朝以来,到中国的使者。日本派遣到中国的使者,前期到南朝就中断了,亦即到南朝刘宋王朝末年，最多到南齐初年就中断了，直到隋朝开皇二十年才重新接续上。整个隋代，日本遣隋使大概来了6次。再往后，到唐朝，由日本国家正式派来的使团，总共派了19次，成行的有13次。这种遣唐使使团，特别是到中后期以后，规模非常大，一次大概四条船，600人左右。这些人到中国以后，都花大量的钱把中国的书籍和文物，大量地带回去。

唐朝的僧人鉴真55岁开始东渡日本，历经10年，第六次好不容易成功，到日本时已经双目失明。在日本，鉴真的影响非常大，他带过去的东西特别地多。鉴真除了精通佛教以外，还是学养非常深厚的人，日本人非常尊敬他，天皇都拜他为师。鉴真的坐像，就安放在唐招提寺里面的御影堂。御影堂也是唐代的建筑，不对外开放。这次我们去拍摄的时候，寺院方面特例给我们打开了御影堂。据陪同我们的方丈介绍说，在我们之前，进入这个御影堂瞻仰鉴真坐像的只有前总理李鹏，可见保护之森严。

鉴真带了什么东西到日本呢？这里我们不得不提到"大小王真迹书一卷"。"大小王真迹"就是王羲之、王献之父子俩的真迹。在《唐大和尚东征传》里就有鉴真带王羲之的字帖去日本的记述。正仓院文物目录中有过"大小王真迹"，是否鉴真带过去的呢？这始终是学术界关注的问题。很多人认为大概是鉴真带过去的，至于说，它是不是真迹，很可怀疑。因为到唐朝，王羲之的真迹恐怕也很难找到。但是，如果是唐人的一个很好的摹本，那到今天也是件国宝。从圣武天皇以后，历代天皇都喜欢王羲之的书法，所以多位天皇曾经借过"大小王真迹"，什么时候借，什么时候还回去，都有明确的记录。最后一个外借的是桓武天皇，他借出"大小王真迹"以后，再也没有还回去的记录。所以，现在正仓院藏品中没有"大小王真迹书"。

所幸的是，去年上海博物馆和日本合作，办了一个中日国宝级的书画展，展出两件"大小王真迹"。王羲之书帖上面斜盖着印章，书帖保留其半，故呈三角形。印文有桓武天皇年号，为"延历敕定"。这件是王羲之书法摹本里面保存最早的，比中国保存的还要早。这两件"大小王真迹"是不是正仓院原来收藏的呢？学术界有争论。我仔细比对过，没办法说是正仓院的，因为正仓院文物明确记载书帖"黄半纸"，"黄半纸"虽然无异，但它为9行77字，而现在展出的不是9行77字。由此看来，很可能桓武天皇手头另有王羲之真迹摹本,即便如此,也足够珍贵的了。

鉴真除了带王羲之的字帖过去之外,还把中医中药传到日本。他所带过去的药,现保存在正仓院就有六十几种。天皇生病,是他给天皇配药、抓药。鉴真虽然到日本时双目失明,但他的鼻子特别灵敏,他用鼻子闻了以后,给天皇配药。那药都特别好,所以天皇没用完的,舍不得用,现在也保存在正仓院。

正仓院保存了几十面镜子。有一面螺钿背的铜镜。它的背面用夜光贝、玛瑙制成,构成诸如佛教的吉祥鸟等很多花纹。日本学者研究的结果认为,像这样的镜子,在当时的日本是无法生产的。因为这种夜光贝来自南海、缅甸一带,而玛瑙来自阿富汗,要把世界各地的东西结合在一起,然后拼成一种唐朝喜欢的图案。如此高超的技术工艺和能力,只有唐朝人才具备,所以应该是唐朝的镜子,也就是说,是从唐朝传到日本的器物。

还有一面铜镜,也是中国的镜子,不是日本的。其背面是黄金做的,这种黄金做的镜子很少见。

日本的考古学家,用正仓院的文物,试图复原天皇住所的样子。所用到的挂毯、地毯、家具全部是正仓院现存的器物。在复原的天皇休闲读书房,我们可以看到,有一个读书的架子,两头将卷轴固定,缓缓卷起,诗书字画就展现在眼前,这么方便的架子,我们以前并不多见。上面还一个挟轼,累了可以靠的。另有一副双陆棋、火盆、挂毯、地毯等等,看起来十分考究和舒适。



古人席地而坐,五胡十六国时代,少数民族把许多外来的生活习俗传入中原一带,桌椅便是其中之一。新的习俗又因为各国间人员的流动而逐渐传播开来,桌椅也传入日本。正仓院保存了24 张桌几,可见在皇室使用颇广。

在另一间复原的天皇书房,我们可以看到,这里有张桌几。有一张柏木桌几两边各有 14 只桌脚,高 90 厘米,与现在桌子的高度相同。与高桌几相配的有面宽六七十厘米的赤漆桧木胡床,表面上漆,明显大于今天的座椅,适合盘腿而坐,由此可以看出从席地而坐向座椅的过渡。桌几上面摆有白琉璃瓶和玛瑙杯,都很珍贵。

我们从复原图上可以看到,房子是用挂毯来分隔的。其实日本古代皇室的那种大房间,除了用挂毯来分隔以外,还使用屏风来分隔。因此,屏风也大量流传下来。根据《国家珍宝帐》记载,正仓院收藏100多叠屏风，计596扇，保存至今的只剩下44叠。

正仓院屏风有图画和文字两种。文字屏风，书写格言警句。例如“近贤无过，亲佞多惑”；“清贫长乐浊富恒忧，孝当竭力忠则尽命”等等。这些屏风是用鸟羽粘贴而成，多为儒家至理名言。唐太宗把治国之道书写于屏风自励，甚至将政务、地方官名字写在屏风上，反复斟酌，励精图治，成为唐代有名的故事。日本天皇这类屏风，恐怕受到唐太宗故事的激励。

还有一种是绘画屏风，例如收藏于北仓的“鸟毛立女屏风”，一叠六扇，录载于《国家珍宝帐》，确属当年捐献的皇室遗物。此屏风边框及连接构件均已损坏，故19世纪30年代曾经做过修复，并按照画面的顺序排列，亦即前三扇的美女立于树下，后三扇的美女则坐在树下岩石之上，姿态各异，面貌如一。美女发髻衣裳及点景树石，原本粘贴鸟羽，可惜均已脱落，故仅余墨画线条。画中的美女蛾眉长目，体态丰满，双颊施朱，樱嘴点红，浓妆艳抹。她身上穿着的羽衣，在唐朝贵族中十分流行，太平公主曾经用各种珍奇飞鸟的羽毛编织成色彩斑斓的裙子，令人啧啧称奇，于是贵妇们群起仿效，竟把江表岭南的珍禽异兽采集殆尽，可知何等时髦。穿着羽衣翩翩起舞，飘然欲仙，当年的杨贵妃就这样踏着唐玄宗谱写的曲子飞舞，那《霓裳羽衣曲》的传说，成为大唐盛世的追忆。

眉间施翠钿，是唐朝女性流行的打扮，如温庭筠《南歌子》写道：“脸上金霞细，眉间翠钿深。”翠钿也施于靥上，温庭筠《菩萨蛮》描写：“翠钿金压脸，寂寞香闺掩。”正仓院屏风画上的美女，高高的发髻，低开的胸襟，羽衣上披着轻柔的薄纱，浑身上下无不焕发唐朝妇女的风韵，恰似周昉所绘之仕女。

从画面来看，正仓院这6幅屏风似乎来自唐朝，这不能不引起专家学者们的极大兴趣，他们对画上所用鸟羽作了分析，证明使用的是日本雉鸡。而且，屏风衬纸用的是日本天平胜宝四年(752)文书。据此判断，这件屏风是日本的作品，而它对唐朝仕女画惟妙惟肖的仿作，令人赞叹。

树下美女的艺术构思是外来的，多见于中亚的古代印度，在中国也广泛流传，吐鲁番壁画有树下美女图，埋藏敦煌文书而闻名于世的敦煌17窟壁画，也有相同的图画。1988年，考古工作者在长安县南里王村韦氏墓发现了中晚唐屏风壁画，和正仓院的鸟毛立女屏风有异曲同工之趣，也是由6扇组成，经陕西省历史博物馆修复，完整地展示在世人面前。

根据这件屏风画，其构图左右各两扇站立于树下的美人，中间两扇的美人则端坐于树下，一人若奏琵琶，一人打团扇听曲。根据唐屏风壁画来看正仓院这6扇"鸟毛立女屏风"，目前的排序为左边3扇站姿，右边3扇为坐姿，似乎可以商榷。日本是否将其中一扇站姿修复为坐姿呢？许多疑问，有待于今后通过比较研究去解答。

我们看到屏风上面的唐朝琵琶，是半梨形音箱的琵琶。今天的琵琶，也多用半梨形音箱的琵琶。按照音乐史专家的看法，琵琶在中国很早就产生了，中国式的琵琶应该是圆的，而这种半梨形音箱的琵琶，应该产自波斯或者印度。可是这把琵琶不会是波斯的，也不会是印度的，估计还是唐朝制作的乐器。因为，其琴身螺钿使用的夜光贝产于南海，琥珀来自缅甸，以紫檀作桿拨，这常见于唐朝琵琶。唐代诗人张籍《宫词》吟诵道："黄金桿拨紫檀槽，弦索初张调更高。"可以作证。能够将各国的珍宝融合在一把琵琶上，恐怕只有当时作为世界帝国的唐朝有此能力。

唐朝音乐普遍使用琵琶，这种风气也流传到邻国日本，这才有了正仓院的诸多收藏。

引人注目的是这把琵琶有五弦。唐朝有五弦琵琶吗？音乐史学家一直在艰难地追寻蛛丝马迹。新中国成立之后，考古事业蓬勃发展，在西安发掘的数以百计古墓中，李寿墓道壁画出现了让我们无比激动的画面，那是一组宫廷乐队的壁画，前排第二、三个乐师演奏琵琶，第二个手中拿着的不正是半梨形音箱的五弦琵琶吗？细数弦柱，确是五弦，专家学者欢呼雀跃，踏破铁鞋无觅处，我们终于找到了正仓院那把世界唯一的五弦古琵琶！

这把琵琶正反两面均有精美的螺钿装饰，背面全部施以鸟蝶花卉彩云及宝相花文，花蕊叶心涂上红碧粉彩，描以金线，上覆琥珀、玳瑁等。正面有紫檀桿拨，用来保护弦拨之处，上面有螺钿树木，下方是骑在骆驼背上的胡人，手执琵琶，边走边弹，曲声悠扬，引来飞鸟起舞，骆驼回首，不由得让人联想起当年正是这引起往来于丝绸之路的胡人，一串驼铃一路歌，把琵琶传入中国。

正仓院里有一把金银平文琴，是唐代的古琴。其背面刻的是《琴赋》，这跟我们传世本子的《琴赋》是一样的。这里边我们还清楚地看到龙的图案，跟陕西历史博物馆收藏的龙的图案，基本造型是一样的。琴正面上方装饰一个方形图案，绿树花草丛中，跣足盘坐三个道士，中间的道士弹阮咸，左边抚琴，右边饮酒，其上云山缥缈，两个道童跨凤执幡，左右飞翔，阮琴合奏，引来孔雀开屏，百鸟云集，好一幅道家洞天福地的清幽世界。虽是唐代作品，却有着浓厚的南朝玄风。从这幅图案我们可以推断，中国的道家仙风当时已经传到日本。我们一般认为，日本没有受中国道教的影响，也不太受中国玄学的影响。可正仓院器物里面，我们看到大量的玄学的、道家仙风的东西。

日本天皇的生活也多姿多彩。中国流行的各种娱乐游戏，在正仓院里都能见到。例如双陆棋。唐朝的双陆游戏多见于各种文献记载，但是我们没看到双陆棋的实物。上世纪 40 年代钱稻孙先生做过双陆研究，发表于《清华学报》。钱稻孙先生研究的那种双陆棋，与正仓院的双陆棋好像并不太一样，他讲双陆 15 个子，正仓院的双陆不止这个数。正仓院的双陆子用琥珀、水晶、石英、蛇纹岩或者琉璃制成。骰子则为象牙，双陆筒保存在中仓，用于摇骰子，用紫檀材木制成，施以金银泥灰，用银做筒口筒底。双陆棋盘也很考究，现存 5 具，有木画紫檀棋盘、木画螺钿棋盘。也有沉香木画棋盘，都十分精美。



我们再看今天还在流行的围棋。正仓院保存了三具非常精美的围棋棋盘，尤其北仓收藏的“木画紫檀棋盘”。此棋盘，精巧称绝，紫檀的漆板上用象牙镶嵌经纬 19 条线，17 朵花组成分布于盘面的星，棋盘侧面分隔出一个个长方形画格，雕刻花鸟、走兽和人牵骆驼的图案，对角两头暗藏抽屉一个，拉开抽屉，是盛棋子的盒子，棋分红、蓝两色，以象牙做成，每个棋子上都细致地镌刻衔花草的仙鸟，让人爱不释手。好马配好鞍，盛棋子的银平脱漆盒，在黑漆盒面，用薄银片雕饰花纹，隐隐衬底，金片雕饰大象和植物，流光闪烁，显得富有层次和立体感觉，盒子圆周饰以金箔花朵。这样一套围棋棋盘，不知要花费多少专业工匠的心血和时间，精美至此，叹为观止。

再看一下投壶。投壶是中国古老的游戏，《礼记》专门设有《投壶》篇目，详细记述了宴会上主人奉矢请客人投壶的过程。这本来是助酒兴的游戏，但是后来演变为一种礼仪。正仓院的投壶为我们提供了很好的实物证明：铸铜镀金的壶，高 31 厘米，壶径21.7厘米，颈长口狭，有双耳，壶身镌刻山岳花草和狮子飞鸟等花纹。现存投壶用的矢23根，分为木制和竹制两种，木矢颜色较深，矢尾绘金银泥画，箭镞用水牛角或木做成。

我们再看供佛的器具。有一个莲花宝座，这个宝座，难在它是用木头雕刻而成的，不是用金属叶片做的。把木头雕成很薄的莲花叶瓣，看起来特别飘逸。每片莲花瓣用一个铜钉固定在一起，构成这么一个莲花座。每一个花瓣上面画的图案都不一样。要把木头雕成这个样子很难，而且它历经千年，不裂、不变形，很难得。

跟佛教相关的，还有香炉。在祭佛行列中，可以见到手持长柄香炉的僧人。正仓院南仓保存着五把长柄香炉，分别用黄铜、赤铜和白铜制作。其中一把是狮子镇坐在柄尾的香炉，是最华丽的紫檀金钿香炉，长39.5厘米，高7.6厘米，炉面用金铜制作，镂空雕刻莲花，上面立着一头威猛的狮子，香炉周围嵌入四株金银花卉，花芯用红、绿水晶镶嵌，周围配以蝴蝶、飞鸟纹饰。炉身与底座之间有空心铜柱，以长钉铆接。底座用紫檀雕成二十四瓣，侧面每瓣绘一花朵，花芯嵌绿色琉璃。炉体和长柄使用紫檀，用锦缠以丝条系结，柄绘花草彩蝶，迦陵频伽，镶嵌水晶，柄尾端坐一头狮子。狮子在唐朝十分流行，河南洛阳市龙门西山神会和尚墓也出土了狮子镇柄的香炉，与正仓院藏品相印证，如此巧夺天工的工艺品，舶来品的可能性颇高。

另外的四把香炉中，赤铜柄香炉的长柄末端犹如鹊尾，这属于中国南北朝时期的风格，可以在北魏、北齐和西魏的佛教雕塑和壁画中见到，在陕西省扶风县法门寺地宫发现的唐代佛教金银器物中，也有一把素面长柄银手炉，呈高圈足杯状，柄为如意头曲折状，香炉与长柄相连接处用心形或花瓣形金属片装饰，以两颗圆头钉固定，炉身把手接在手柄上成为受力支柱，同正仓院香炉制法完全相同。综合以上诸点，正仓院收藏的香炉应是唐朝制品。

正仓院藏品与中国出土文物的比较，还有许多问题值得研究。走在奈良的街上，仿佛回到唐朝，多少课题，等待着我们去研究。

耿　昇

# 西方人对中国开封犹太人的调查始末

耿昇,1944 年 12 月生于河北省阜平县,1968 年毕业于北京外国语大学法文系。1980 年调入中国社会科学院历史研究所,从事有关中法关系史、法国汉学诸方面的翻译与研究工作。现任中国社会科学院历史研究所研究员、中国中外关系史学会会长、中国敦煌吐鲁番学会理事、中国蒙古史学会理事,法国亚细亚学会的国外会员。1995 年获得法国政府文学艺术勋章。现已出版译著 40 余部,发表译文 200 多篇、论文及介绍性文章 80 余篇。

## 一、绪 论

中国历史上的开封犹太人是一个鲜为人知，却又确实存在的民族和宗教社团。在卷帙浩繁的中国史籍中，对这一民族的记载虽然缺乏详尽，但毕竟还可以爬梳到一鳞半爪的资料。20世纪初，在敦煌和新疆的丹丹乌里克，都发现过有关中国犹太人的希伯来文卷子。自元代以来，先后在汉文载籍中出现了“术忽”、“主吾”、“主鹘”，“朱乎得”（以上均为希伯来文 Yehudi 和波斯文 Djuhud 的对音，意为“犹太人”或“犹太教徒”）和“珠赫”（希伯来文 Judah 的对音，意为“犹太国人”）等。《经世大典·马政篇》中的“斡脱”，也可能是中国犹太人的异译。



犹太人从什么时代进入中国？根据开封犹太教汉文碑记载，分别有“周代说”（清康熙碑中有“教起于天竺，周时始传于中州”）、“汉代说”（明正德碑中有“教自汉时入居中国”）等。此外还有“唐代说”和“宋代说”等。全面来看，“宋代说”（11世纪）可能较为可靠一些，因为宋王朝的京都在开封，必会招致善于经商逐商机而居的犹太商贾。这里主要是指开封犹太人社团。零星的犹太商人、旅行家或探险家，可能很早之前就来过中国了。但他们未能形成社团。无论如何，犹太人进入中国已有相当悠久的历史，长期以来与中华民族和睦相处，形成了中华民族大家庭中的一员。

中国开封犹太人也与全世界的犹太人一样信仰犹太教，他们自称“挑筋教”徒、“一赐乐业”（Israël 的对音，“以色列”的异译）教徒和“蓝帽回回”等。在中国历代王朝“中外一体”政策的感召下，他们的宗教受到了尊重，在处境孤立和经济凋敝的情况下，仍延续了至少有七八百年的时间。

中国犹太人是自波斯（西域）和印度（天竺）等地辗转到达中国的。在中国的丹丹乌里克、敦煌、杭州、宁波、宁夏、北京、上海、天津、大连等地都留下了他们的足迹。但到了17—18世纪之后，唯有当时的河南省会开封府的犹太人，才继续形成一个比较强大的民族和宗教社团。中国和世界各国的学者主要是通过开封犹太人，着手研究中国犹太人的方方面面。

犹太民族是一个伟大的民族，素以善于理财和经商，积极从事政治和文化事业而享有盛名。他们之中有不少是世界名人，如德国大诗人和政治家海涅、荷兰唯物主义哲学家斯宾诺莎、狭义相对论的鼻祖爱因斯坦等。就连伟大的无产阶级革命导师马克思也属犹太血统。在震惊世界的俄国十月革命的领导人中，便有托洛茨基、苏维尔德洛夫、季诺维也夫、加米涅夫、卡冈诺维奇、捷尔任斯基、拉狄克等具有犹太血统的一代风云人物。这个民族的历史非常复杂，灾难深重却又自强不息，在逆境中拼搏，在苦难中辉煌。中国的犹太人已基本被汉族同化或为伊斯兰归化。老一辈学者中，陈垣、张星烺、潘光旦、江文汉诸先生都曾对中国的这个民族社团进行过研究；当代又有徐新、张遂、高望之、顾晓敏、张倩红、潘兴等先生，著述甚丰，成绩斐然；国外学者研究这一课题的著作不断零散地问世。



研究开封犹太人（也包括中国其他地区的犹太人），与研究中国历史上的其他民族或宗教社团不同，中文史料实在零散而稀少。在中国历史上，最早大规模地从事对开封犹太人社团进行调查研究的，是以入华耶稣会士为主体的西方天主教各修会的入华传教士们，后期也包括新教多个修会的传教士、商人、旅行家以及西方的犹太人自己。

自从利玛窦于1605年在北京会见赴京参加科举或者是寻求官职的开封犹太人举子艾田之后，入华耶稣会士们就非常注意调查搜集有关中国犹太人，尤其是有关开封犹太人的资料。国外的宗教界和学术界也都非常关心这一问题，称这一发现为“中国民族学史上的一大奇迹”。他们不断向在华耶稣会士们提出有关中国该社团的问题，为他们提供各种方便以进行实地调查和研究。西方传教士们这样重视开封犹太人，其原因有二：证明中国自古以来就存在着“上帝的子民”，通过开封犹太人的原始《圣经》而证明犹太人篡改过当时流行于世的《圣经》文本。在华的耶稣会士们于18世纪做了大量调查。他们把这些调查结果都寄往国外，尤其是寄往法国。这批书简后来就成了研究开封犹太人的宝贵资料。除了在18世纪的《耶稣会士书简集》中发表了某些书简之外，尽管国外学者都曾引用过，但大部分书简却始终未公开刊布，而能运用原档案的人又寥寥无几。所以法国耶稣会士荣振华(Joseph Dehergne S·J,1903—1990年)与澳大利亚高等教育学院的李渡南(Donald Daniel Leslie)教授合作，首次刊布了这批书简，从而才使我们得以利用其中有关中国开封犹太人的丰富资料。他们共刊布了意大利入华耶稣会士骆保禄(Giampaolo Gozani,1659—1732)神父有关开封犹太人的7封书简(1704—1712)、法国入华耶稣会士孟正气(Jean Domenge,1666—1735)神父有关该社团的11封书简(1722—1759)、法国入华耶稣会士宋君荣(Antoine Gaubil,1689—1759)神父有关开封犹太人的8封书简(1722—1759)。书中还发表了利玛窦(Matteo Ricci,1552—1610)于其《基督教远征中国史》中有关他与开封犹太人艾田会见的记述；葡萄牙入华耶稣会士——中国副省会长和巡按使何大化(Antonio Gouvea,1592—1677)于1644年致罗马教廷的有关中国开封犹太人的报告。此外，书中还详细列举了17—18世纪赴开封实地调查中国犹太人的入华耶稣会士名表、开封犹太人简史(尤其是其入华史、迁居史、宗教史、经文史、西方人试图与之建立联系的历史等)。

法国学者娜婷·佩伦(Nadine Perront)女士出版了《中国的犹太人:开封和上海犹太人社团的神奇历史》。佩伦女士是法国的一名中文翻译。此书于1998年由巴黎的阿尔班·米歇尔(Albin Michel)出版社出版，被列入到《犹太教的影响》丛书中。此书虽然篇幅短小，但既通俗易懂，又高屋建瓴，全面地追述了开封犹太人的历史、文化、宗教，被同化过程以及西方汉学界、宗教界、商界和犹太人自己对开封犹太人的研究历史。

西班牙入华耶稣会士管宜穆(Jérôrme Tobar,1855—1917)早年出版过《开封犹太人碑题》。此书作为天主教传教区的《汉学论丛》第17卷的专刊号，于1912年在上海徐家汇天主教传教区出版。书中全文译注了有关开封府犹太人的3通汉文碑的碑文，即1489年的《重建清真寺记》(明弘治碑)、1512年的《尊崇道经寺记》(明正德碑)和1663年的《重建清真寺记》(清康熙碑)。作者还译注了当时在开封犹太教会堂内尚存的匾额与楹联，并于其详细注释中，对于西方各界人士有关开封犹太人的研究成果，大量引证和借鉴。管宜穆于1880年来华，工作于耶稣会江南传教区（设于徐家汇）。他曾将清代洋务派代表人物张之洞的《劝学篇》译为法文发表，还有一部专著《中国与外来宗教》（1917年）。他的这部著作，早已成为西方研究开封犹太人的经典之作。国内外许多学者（包括陈垣先生的那篇权威论文《开封一赐乐业教考》，1919—1923年多次增删发表），都曾参阅过管宜穆神父的著作。因为他对碑文的注释最详细，对于匾额和楹联的录文最完整，错误也相对较少。由于这些匾额与楹联现已早无踪影，甚至连开封犹太教会堂也不复存在了，所以他留下的录文，成了宝贵的历史文献。

澳大利亚国立高等教育学院的李渡南是研究中国穆斯林和犹太人的专家。他于1972年作为《通报》第10卷专号，在荷兰莱敦布里尔出版社出版了一部《中国犹太人的遗存，开封犹太人社团》。该书从历史学、社会学、碑铭与稿本、调查报告与口碑传说诸方面，全面地论述了开封犹太人的历史。

以上这些著作与资料，是研究开封犹太人人的基本文献，也是本文使用的主要文献。



## 二、开封犹太人入居中国的时间

从公元9世纪末开始，西方旅行家或传教士们都强调过，在中华帝国内存在着犹太人。由于他们的观察都极其简单，记述过分随心所欲，使人无法认真对待，所以它们既未引起世人的高度重视，又未引起世界犹太人本身的关注。在公元916年左右，大食旅行家阿布尔·宰德·哈桑（Aboul Zeyd al-Hassan，又叫Abu Zaid）就在其《中国和印度游记》[①]中指出，当黄巢起义军于878年夺取广州时，除了屠杀当地原住民之外，还屠杀了“12万穆斯林、犹太人、基督徒和法尔斯人或波斯袄教徒等”“藩坊”居民。由于这种记载无法被认为是一种确凿证据，而且主要是以向广州非汉族居民们征税的税册为基础，所以这条简单的记述未激起人们的任何特殊兴趣。

大约到了公元880年左右，有一名叫做埃尔达德·但尼（Eldad Ha Dani，意为“但部”的埃尔达德）的犹太旅行家，声称曾在西域被一支土匪抓获，并且被掳至中国。他可能非常幸运地被以撒萨尔(Issachar)部的一名犹太商人从其仆人手里赎回。此人后来又帮助他离开那里。这个故事不会被各界人士视而不见,甚至还受到某些学者十分认真严肃的对待,但大部分学者却认为它纯粹是无稽之谈。

比较值得信赖的人是马可·波罗,此人于1286年在其《寰宇记》中断言,他本人曾在汗八里(Khanbalik,北京)元朝忽必烈汗的宫廷中,会见过术忽人。

从14世纪起,便有许多人做过使中国犹太人福音化的尝试,泉州的方济各会士主教安德拉斯·德·佩鲁贾(Andreas de Perusia),于1326年的一封书简中抱怨说,在中国从未有一名犹太人受基督宗教归化。马里诺黎也是入华的方济各会士,于1342年在汗八里。他仅满足于与中国犹太人作神学讨论。

阿拉伯旅行家伊本·白图泰(Ibn Battuta)也证实了这一切。他1346年于杭州(Khansa,行在)的旅行中,发现那里存在着犹太居民,同时还存在着一座"犹太门"。这一切又于两个世纪之后,由葡萄牙人佩雷拉(Galeote Pereira)再次证实,此人于1565年的一封书简中,指出了摩尔人(Maures)、异教徒(Gentils)和犹太人,都被中华帝国政府各部允许各自依其信仰而发誓。



直到1615年由金尼阁出版利玛窦《基督教远征中国史》之后,也是继曾德昭(Alvaro Semedo)的《中华帝国及其毗邻地区的传信报告》(即《中华大帝国史》)自1641年在马德里出版(这两部著作很快就被译成了多种西方文字)以来,学者与神学家们才认真地研究中国犹太人问题。但他们基本上都是冥顽不化地坚持,开封犹太人是由以色列10个失踪部族流散至华的陈腐观念。

1650年,阿姆斯特丹的大拉比(Rabbin,掌教)马纳塞·本·以色列(Manasseh ben Israël)在一部叫做《以色列的希望》的书中,将第一批犹太人入华的时间上溯到了周代(公元前1046—前256年),其论点是以《圣经》中的某些章节(《以赛亚书》第49章第12节)为基础的,文中提到某些犹太人自"秦国"(Sinim)而来。

该拉比丝毫不怀疑,"秦国"指中央帝国,中国的犹太人均为流便(Reuben,勒乌本)失踪支系的后裔,他们于公元前733—前732年(继泰拉特—法拉萨尔三世征服后,以色列的流散时代)和公元前525—前500年(以赛亚预言参照的时间)之间。

为了捍卫同一种论点，耶稣会士宋君荣和俄罗斯希腊东正教会的高级神职人员阿列克塞·维诺格拉道夫(Alexei Vinogradov)等人，依据1663年在开封犹太教堂竖立的清康熙碑(《重建清真寺记》碑)，也对犹太人入华作出了断代：

"教起天竺，周时传入中州，建祠于大梁(开封)。"

这方碑文的作者是一名令人尊敬的汉人，而不是犹太人，他还自我标榜熟悉一赐乐业教的悠久历史。

西班牙入华耶稣会士管宜穆(Tobar)神父在阅读文献时，发现这些人心不在焉。1489年于犹太教会堂遗址上竖立的纪念碑(明弘治碑，《重建清真寺碑》)的碑文，所提到的绝不是犹太人入华的时间，而是涉及犹太教的起源本身。

阿无罗汉(Abraham，亚伯拉罕)"其间立教本至今传，考之在周朝一百四十六年也。一传而至正教祖师乜摄(摩西，Moïse)，考之在周朝六百十三载也"。

因此，中国文人的粗心大意，是宋君荣和阿列克谢·维诺格拉道夫受骗的误解之源。



最后，其他人为了证明他们有关犹太人于周代进入中国的推断，又提到了犹太人曾参与丝绸贸易的可能性。甚至出现了诸如戈德堡(A·Godbey)那样的人，直接依据《阿摩司书》(Amos)第3章第12节。其中提到了"铺绣花毯的榻"，以断言"绣花毯"系暗示丝绸，而丝绸又只能在中国才会找到。这似乎说明犹太人自公元前3世纪起，便从事对华丝绸贸易了。犹太人确实从事过丝绸贸易，但却是在一个很晚的时代。因此，将最早的犹太移民上溯到中国周代，似乎是不大可能的。

以骆保禄、布洛蒂埃(Brotier)和孟正气神父为首的耶稣会士们一方，坚持认为犹太人是于汉代入华的。因为他们主要是以开封犹太人社团的口碑传说，以及1512年犹太教会堂中的明正德碑的碑文为依据，才提出了此说："原教自汉时，入居中国。"

孟正气神父于其1723年10月25日和1724年12月20日的书简中，又将犹太人进入中国的时间断定为汉明帝在位期间，也就是公元58—75年之间。这种假设受到了管穆宜与伯希和的认可和接受。

事实上，犹太人存在于中国的可供稽查的明确踪迹，应为唐朝。20世纪初叶，两项考古发现提供了犹太人于公元8世纪进入中国的证据。首先，是718年用犹太—波斯文字写于纸卷上的书信残卷，当时纸张是唯有中国才能制造的文字载体。此件于1901年由斯坦因在新疆丹丹乌里克(Dandan-Uliq)发现，现在收藏于大英博物馆。其次是一页用希伯来文写成的祈祷经文(愿文)，是出自《雅歌》和使徒传(先知书)中散落的一页，由伯希和于1908年在甘肃敦煌千佛洞的文献中发现，被断代为公元8世纪。

此外，在8世纪初叶的中国墓葬中，也发现了代表酷似犹太人相貌的瓷俑，它们有时又被用来证明犹太商人于该时代在中国的存在，但它们也完全可能是代表着西域或近东的其他商贾。我们不能怀疑犹太商人曾于8—9世纪赴中国旅行过，尤其是某些拉丹族(Radanitte)商人，他们赴远东的长途航行已被同时代的大食舆地学家伊本·霍尔达德别赫(Ibn Khordadbeh)作了描述。在9世纪时，犹太商人不仅是为贸易前往中国，而且还在那里定居。正如大食旅行家阿布尔·宰德的游记于916年所记述的那样，他特别强调了837年在广州的大屠杀中，有犹太教徒。他们都居住在该城，变成了商人。虽然中国唐代编年史未记载过犹太人在中国领土上的存在，但伊斯兰教、摩尼教、景教和祆教都在这个时代进入中国。我们还可以假设，犹太教也作出过同样的尝试。伯希和正是根据这种假定而指出："在宁波，就如同在扬子江出海口的整个地区一样，从波斯宽大的帆船上登陆的冒险家和商人，都是不同种族和不同宗教信仰的人：摩尼教徒和祆教徒、伊斯兰教信徒和景教徒，他们与从突厥斯坦和甘肃这另一条路上前来的兄弟们相汇合了。如果犹太人置身于这般强大潮流之外，那将是非常奇怪的事。"



在宋代(960—1279)，犹太移民区的存在则为一种不争的事实，因为开封犹太人社团，正是在这个时代，于1163年建成了其第一座犹太教会堂。但无论是中国统治王朝的编年史，还是开封方志，都未记载过犹太人于中华帝国内部的存在。

## 三、开封犹太人入居中国的路线

无论是从个体上，还是从群体上，犹太人都是在一个覆盖了数世纪的时期内，才逐渐入居中国的。至于要知道他们是从哪里而来和怎样前来，以及其入华的动机如何，现已提出了多种假设，并且根据他们入华的假定时代而游移不定。我们一开始就应该排除犹太10个失踪支派之一于周代流亡中国的可能性。无论以开封犹太人社团的口碑传说而假定的入华时间(58—75年)，与在公元70年摧毁了第2座圣殿之间的关系是多么有创见，逃避罗马人迫害的犹太人大批到达中国，也是可能性不大的。法国学者特里安·德·拉古普里(Terrien de Lacouperie)先生于1891年6月在《巴比伦与东方档案》中解释过：

> 没有任何理由认为，逃出犹太国的犹太人，会使自己向东方跋涉得如此遥远，一直到达中国。

诸如宋君荣(1725年9月4日的书简)或拉宾诺维茨(Rabinovitz)那样的人，都坚持认为犹太人是在汉代入华的，在华从事丝绸贸易。这就提示人们，他们来自波斯呼罗珊，经阿富汗与西域，取道骆驼队之路而入华。在唐宋统治时代，出现了大批穆斯林、大食人或波斯人取海路，而聚集于中国的港口城市广州或宁波的现象。同样也与中国做生意的犹太商人，完全有可能是沿同一条道路东行，他们从也门和波斯湾出发，经印度而到达中国。



然而，如果当时的人在迁移时最经常走的是海路，那么骆驼队之路则同样也是畅通无阻的。无论是用犹太—波斯文书写的文书片断，还是由被断代为8世纪的祈祷经文的一页文字(这二者都是在由“丝绸之路”途经的遗址中发现的)，都提供了经陆路的一条通道的证据。事实上，犹太人也仿效穆斯林商人，肯定是从波斯经阿富汗和西域，而到达宁夏和北京；或者是从也门和波斯湾出发，经过印度而到达宁波和广州港。

在历史上，人们有时也会提到犹太人存在于开封之外的其他中国城市中。在广州，旅行家阿布尔·宰德曾讲到过他们。在北京，马可·波罗于1286年、方济各会士马里诺黎于1432年，后又有耶稣会士宋君荣于18世纪，都曾注意到过他们。宋君荣于1722—1759年多次指出，在北京尚有几个犹太人家庭，这些家庭后来都改宗信仰伊斯兰教了。

在泉州，佩鲁贾的方济各会士安德拉斯，于1362年认为，没有一名犹太人肯接受天主教的归化。旅行家伊本·白图泰曾于1346年提到过犹太人在杭州的存在。1605年，利玛窦声称，他通过开封犹太人艾田而获悉，杭州曾有一个比开封犹太人社团人数更多并且同样也拥有犹太教堂的犹太人社团。1489 年的开封犹太教会堂遗址上的《重建清真寺碑》(明弘治碑)提到,宁波也存在着犹太人,开封犹太人可能于 1457 年和 1465 年从他们那里获得了两卷“道经”,还有其他一些犹太人定居在宁夏和徽州。

因此,我们几乎可以肯定,在中国曾零零星星地有些犹太人群体的存在。但到了 17 世纪,当耶稣会士发现开封犹太人社团时,其余的中国犹太人群体已经消逝,而且有关他们存在的踪迹也很少。

## 四、西方宗教界、学术界与政界对开封犹太人的调查研究

### 1. 利玛窦神父会见犹太人艾田(1605 年)

意大利传教士利玛窦(Matteo Ricci,1552—1610)于 1605 年 6 月末,在其数年前在北京创建的耶稣会传教区住院时,接受了一名 60 多岁的中国官吏的造访。此人叫做艾田,原籍开封,晋京寻求升迁,也有人认为他是应试的举子。艾田是开封犹太人社团的成员,他曾坚信该耶稣会士们也如同他自己一样,崇拜天地的造物主,他是自己的同教教友。至于利玛窦本人,他一开始将其对话者当成了一名基督徒。正是在这次以双重的误解为基础的会见期间,利玛窦获悉了在开封存在着犹太人社团。



利玛窦神父把艾田带入了教堂中。祭坛上供有圣母和圣婴耶稣的画像。这一天恰是浸礼节圣日,当这名犹太人毫不怀疑利氏属于自己的宗教派别时,他便坚信自己看到了利百加(Rébecea)及其儿子雅各和以扫的画像,于是便鞠躬向画像顶礼膜拜。在祭坛的每一侧都有 4 位福音使徒的画像。那名犹太人询问这些画像是不是在祭坛上看到的那个人的 4 个儿子,神父回答说是,他认为神父是指十二使徒,因为他们彼此之间都误解了对方的意思。神父又把那名犹太人带到了自己房间,于是便开始更加仔细地询问,逐渐理解了他信仰古教法。艾田本人并不知道犹太人这个名字,但当利氏询问这名犹太人的名字,很快就使此人承认他是“一赐乐业教”信徒。此人接着又看到普兰丹刊印的皇家《圣经》版本,由于他打开了这部《圣经》,立即就辨认出了其中的希伯来文字,尽管他已不会阅读这种文字。

耶稣会士们由此而获知在开封府内有 10 个或 12 个一赐乐

业教信徒家族(姓),此外还有他们最近用 1 万个金埃居而建筑的一座富丽堂皇的犹太教会堂。他们在 500—600 年间于其中收藏着《摩西五经》(《圣经》的前五书)。

艾田叙述了《旧约》的许多故事,与亚伯拉罕、尤蒂特(Judith)、末底改(Mardochée)和以斯帖等人的生平相似。但他在读这些人名时,其音调讹变甚重,也可能他更接近于古代的声调。他肯定其部族中的某些人会讲希伯来语,其中也包括他的兄长。至于他本人,由于他从童年时代起就专心钻研中国文学,鄙薄学习希伯来文,所以就被认为无资格参加由犹太教会堂掌教主持的大会。

首次会见之后,又过了 3 年,到 1607 年 12 月,一名中国助理修士徐必登(Antonio Leitao)被利玛窦派往开封,以证实犹太社团的存在。

然而,开封的老掌教并不太关心属于神学范畴的事,而对于确保犹太人社团永远维持其先祖信仰,更加惴惴不安。由于他非常害怕于其周围再也找不到一个相当熟悉其教律法,而继承其职务的犹太人,所以他向利玛窦神父提议,请利氏主持犹太教会堂或礼拜堂:



> 由于他敬重神父的名望,并对神父的道德如雷贯耳。如果神父能够忌食猪肉并能到他身边居住的话,那么他情愿将掌教的职务让给神父。

利玛窦后来似乎未给掌教带去过任何答复,掌教逝世于 1608 年。直到 1609 年,三名开封犹太青年(其一为艾田的侄子)前往北京拜访耶稣会传教区为止。

这三个青年人表现出了悲观情绪,他们公开承认自己强烈向往背离其信仰,并改宗信奉基督教。耶稣会士们于 17 世纪时,发现开封犹太社团仍很积极活跃和繁荣兴旺。利玛窦神父坚信急需在开封建立一个耶稣会传教区,以便使犹太人能回归天主教的怀抱。利玛窦于 1610 年逝世,这项任务便落到了继承人龙华民身上了。当 3 名犹太青年于 1609 年来访时,龙华民也曾在场,他也曾坚信归化犹太人的可能性。一旦当他被任命为中国传教区的会长(他于 1622 年之前,始终担任这一职位),便向耶稣会罗马总会长克洛迪奥·阿瓜维瓦(Claudio Aquavivo)请求,在"援助中国犹太人以将他们吸引到基督宗教一方"的名义下,为他派遣

"一两位精通希伯来文的神父。开封犹太人拥有《圣经》,但自从他们那懂希伯来文的掌教逝世以后,他们对这些经文已经一无所知了"。

**2. 耶稣会士使开封犹太人基督教化的希望遭失败(17世纪)**

艾儒略神父曾于1613年对开封犹太人造访,但他经过开封的唯一记述,是由曾德昭为我们提供的。曾德昭于《中华大帝国史》中,以一种简单的方式指出,艾儒略曾得以参观开封犹太教会堂,却未能接触他们收藏的任何经文。

1619年,龙华民在中国修士钟鸣礼(Jean—Fernandes)的陪同下,同样也曾亲自前往开封。他在开始时受到了开封犹太人的热烈欢迎,但很快就遇到众多困难。正如何大化(Antonio de Gouvea)所叙述的那样:开封犹太人开始认为,龙华民神父属于他们信仰的律法,于是便组织了一次盛大的欢迎。但一旦当他们发现了龙华民《圣经》中的画像之后,便觉得这使他们很厌恶;他们又获悉神父们不实施割礼,也不行用犹太教的其他仪轨,他们于是便认为他们是十字架基督徒、耶稣的崇拜者,立即强调要把神父从礼拜堂中驱逐,并认为犹太教会堂由于他的冒昧造访而遭到了亵渎。



龙华民神父于9年之前就曾断言,开封犹太人希望追随基督并对其圣像表示崇拜,但现在却遭到了拒绝。他认为那里生活的犹太人最早要多达5—6万人,现在只有1万人;其宗教中混合有异教成分;他们也参加科举以追求职官爵位,但他们不如回教徒那样受人尊重。

1628年,意大利耶稣会士毕方济(Francesco Sambiasi)神父,在距开封犹太教会堂不远的地方,建立了第一座耶稣会士住院。3年之后,由葡萄牙耶稣会士费乐德(Rodrigo de Figueirodo)管理。此人于1642年,在黄河淹没开封城部分地区的水患中死亡。恩理格(Christiano Enriques)神父于1662年或1663年访问了开封及其犹太教会堂。他于1676年又返回开封,以在那里修建一座新的住院,因为住院已被1642年的水患所淹没。

到17世纪末,耶稣会士们曾尝试使开封犹太人接受天主教归化,均以失败告终。但传教士们搜集了一批数量相当可观的有关开封犹太人的文献。

**3. 开封犹太人与中国礼仪之争的关系**

18 世纪初叶,在使耶稣会士们与多明我会士和方济各会士处于严峻对峙状态的那场中国礼仪之争中,耶稣会士们也利用了开封犹太人,以证实他们的布道方法是有理有据的选择。

入华耶稣会士们受到了罗马的警告,要求他们对于被定性为偶像崇拜的中国礼仪的让步作出解释。耶稣会士们当时认为可以利用开封犹太人社团的例证进行抗争。如果开封犹太人自汉代进入中国并在中国立足,而且在接受一定程度汉化的同时,又成功地保持了其独神信仰,那么它就可以帮助罗马确定基督教适应中国传统的程度。1703 年,耶稣会在罗马的领导人,要求调查中国礼仪以及那些引起冲突的名词术语,以便从中得出反驳其抨击者们的证据。这项任务被委托给了骆保禄神父。他虽并非希伯来文专家,却于 1704 年 11 月 5 日致罗马的详细报告中,提供了许多大家所期望的证据:

(1)开封犹太人崇拜天地的造物主,他们称之为"天"(Tiem)、"上帝"、"上天"等。(2)他们的文士们也如同异教徒们一样,于孔庙中行尊孔礼仪…… (3)他们于"祖堂"中祭祖,但不使用灵牌。(4)他们信仰其律法,并称之为"一赐乐业"教。从他们的起源、古老历史、后裔及其族长亚伯拉罕(阿无罗汉)、以撒(以思哈)、雅各(雅呵厥勿)、一赐乐业 12 部族(12 宗派)。还有他们的立教人乜摄或默舍(默西,Moïse),他于西奈山上的两条案桌上接受了《律法之书》和十诫。此外还有阿呵联(亚伦,Aaron)、月速窝(约书亚,Josué)、蔼子喇(Esdras、以斯拉)等。他们从摩西处获得了的《圣经》,(《摩西五经》)或其中包括的《创世记》(Beresith)、《出埃及记》(Veellesemoth)、《利未记》(Vaijcra)、《民数记》(Vaiedabbier)、《申命记》(Haddebarim),他们称这一套经书为《托拉》(Taura, Thora, 或 Saint Jérôme),即《摩西五书》或《摩西五经》。

**4. 有关"塔木德"派学者篡改希伯来文本《圣经》的论战**

在 18 世纪的前半叶,也就是继中国礼仪之争爆发不久,开封犹太人在他们不知道的背景下,又重新被牵涉进一场诬蔑性的官司中了,这一次是由基督教的信徒们向犹太人发动的。基督徒们怀疑《塔木德》的犹太学者们从希伯来文《圣经》文中删除了与基督降临及其使命有关的所有段落。

基督教早期教父圣·查士丁(Saint Justin,约为100—165)就已经对拉比(Rabbins)们的著作提出过质疑。在16世纪时,由于反改革派,这种质疑又来势凶猛地重新爆发。人们焚烧具有宗教特征的犹太书籍以及用希伯来文书写的世俗著作。有人重新向罗马当局指控希伯来文《圣经》提供了一种经歪曲的文本。1578年,古列尔莫·西莱托(Guglielmo Sirleto)红衣主教,在格列高利十三世(Grégoire XⅢ,1572—1587)教皇任期内,把负责起草禁止希伯来文《圣经》文件的工作,委托给了意大利《塔木德》学者拉扎鲁斯·德·维泰尔博(Laxarus de Viterbo)。唯有发现一种早于《塔木德》时代的《圣经》"纯洁"文本,方可使人对此作出决断。既然开封犹太人被认为是自古以来就定居在那里,那么,这些中国犹太人是否拥有符合于基督降生之前数世纪,就在犹太地区流行的经文呢?难道不能由于他们而最终得以证明,犹太人的现有《圣经》遭到过篡改吗?利玛窦神父的使者徐必登修士很快便于1608年获得了开封犹太人《摩西五书》的经文首末的抄本。神父经过将它们与西方流行的普兰丹本《圣经》各书进行比较之后,未从中发现任何歧异。曾德昭指出:



> 利玛窦也断言,根据犹太人亲自在北京向他所作的叙述,开封犹太人的《圣经》与他自己的《圣经》没有任何区别。他们丝毫不知道基督,由此看来他们似乎是在基督降临人世之前进入中国的。如果他们从未听说过基督,那是由于他们对此的记忆完全丧失了。非常重要的事,就是要看到他们的《圣经》。他们也可能从来未像西方犹太人那样而篡改过《圣经》。

曾德昭的建议又由莱布尼茨所重复。莱布尼茨于1700年1月1日致安东尼·韦尔朱思(Antoine Verjus)的书简中写道:"我曾请求过尊敬的郭弼恩(Le Gobien)神父在向中国寄信时,应调查一下是否有人看见过中国犹太人的《旧约》,并将此与欧洲《圣经》的希伯来文本作过比较。……中国犹太人似乎自很长时间以来,便未与欧洲犹太人有交流了,如果大家可能会在他们之中发现经书或经书片断,那么欧洲犹太人便可以改变或消除对基督徒们的仇恨。"

1707年,在巴黎的中国传教区司库郭弼恩神父,在为《耶稣会士书简集》第七卷所写的序言中,清楚地阐述了基督教神学家

们对待犹太人的立场,从而使他们将希望寄托在开封犹太人社团身上:

> 最近在河南省省府发现了一座犹太教会堂,它地处中国腹地,就如同恰恰是位于中国的中心一般。大家通过有关中国的古老游记而获知,大名鼎鼎的利玛窦神父和第一批入华传教士似乎曾获悉在该帝国中有犹太人,但或者是他们未能获知这些犹太人的居住地,或者是他们忽略了调查了解这些人并与之交谈,人们在最近期间内肯定已经是几乎忘记了在中国也有犹太人。大家应该把这些发现归功于我们耶稣会的骆保禄神父的勤奋和潜心觅寻查访。这名传教士应其一名朋友的邀请前往河南省府,并在那里发现了他要寻找的犹太人。这些人彬彬有礼地迎接了他,向他诉说了他们的风俗习惯,让他参观了他们的犹太教会堂,以及他们极其精心地保存在那里的《圣经》诸书。……由于人们借助于保存在这些中国犹太人手中的《圣经》诸书,便可以更容易地理解如下情况了:某些学者确实相信,自从基督教诞生以来,与基督徒为敌的犹太人曾篡改过《圣经》,这或者是通过遗漏与颠倒整章的经文,或者是仅仅篡改几句关键话和几个关键字,或者是删去那些于他们不利的词句;最后或者是在多处根据他们的观点而断句和加以突出强调,这就是说根据其教派的偏见而确定《圣经》诸书的意义。……由于中国的犹太人有一座独特的犹太教会堂,而且他们至今不仅仅不为基督徒所知,而且也不为他们那些分散在其他民族中的教友兄弟们熟悉。在他们之中可能还有以其完全纯洁的状态存在着的几册《圣经》,或者至少是排除了我们的诠释者和神学家们认为是在原文中发现的那些错误的经书。
>
> 如果曾与中国犹太人交谈并参观过他们的经书的骆保禄神父懂得希伯来语,那么他就会寄来有关他们的《圣经》文本与我们的文本之间差异的内容,向我们指出由犹太人对于《旧约全书》所作的解释引入的即使是最细微的差异,以及有关他们风俗习惯的情况,他也可能会向我们提供反击《塔木德》大肆夸张内容的武器……

郭弼恩神父于《耶稣会士书简集》的同一卷中,又发表了骆保禄1704年11月5日寄出的一封书简。他指出:

这些犹太人完全可能是《塔木德》的信徒，他们篡改了《圣经》的意义。唯有一个精通《圣经》和希伯来语的专家，才可以揭示其真相。

法国耶稣会士孟正气首次于1718—1719年访问开封犹太教会堂，然后又于1721年在该城居住近8个月，1722年再度于那里停留两个月。他与开封犹太人的多次接触形成了大量书简和绘制会堂草图的内容（开封犹太教会堂的全景图、内部平面图、对一次诵读《五经》的描述等），它们后来形成了几乎是我们直到1850年有关该犹太人社团的全部知识。

孟正气神父于1721年到达开封，试图取走他们的一卷《圣经》。但他很快就发现这件事很困难。

因为开封犹太人所拥有的全部《圣经》都收藏于犹太教会堂中，私人对在家宅中保存它们很有顾虑，私宅中也不收藏任何用希伯来文写的其他著作。在犹太教会堂的至圣所中，有13个圣幕放置在案子上，各自以其帷幕覆盖。在那里有他们的13套经文，也就是13本《摩西五经》，其中有12本是纪念以色列12宗派的，一本是纪念摩西（乜摄或默舍）的。这后一本是最古老的，保存状态甚糟，是于前朝开封洪水泛滥时被抢救出来的；其余12套都是它的抄本。



直到1722年，尽管作出了许多尝试，孟正气神父始终无法成功地从开封犹太人那里获得任何一卷《圣经》，而西方基督教神学家们都迫不及待地想研究它们。但犹太人却允许他非常自在地研究其经文，并制作部分录文。他经过研究之后，得出了这样的结论：

（1）开封犹太人的《圣经》行文与阿姆斯特丹文本相当吻合。

（2）这两种《圣经》的标点不同。

（3）开封犹太人吹嘘自己的《圣经》已有3000年的历史了。当上帝向乜摄传授教法时，非常匆忙而没有时间从中加标点。

（4）有些人认为他们进入中国的时间早于耶路撒冷被毁的时代，甚至是在救世主降临之前，这是由于他们对救世主弥赛亚一无所知，也从来不等待他的降临。

继孟正气神父之后，宋君荣神父又于1723年3—4月间在开封居住了数日，他也试图获得一卷《律法之书》，同样未取得比其前者更大的成功。但他却借助于金钱，获得了使该社团的一名抄经人为他抄写一卷开封《圣经》的承诺。但到1724年，雍正皇帝（1723—1736年在位）的一道圣旨，将传教士们从中国内地驱逐出去了，所以抄经从未转到神父手中。加布里埃尔·布罗蒂埃（Gabriel Brotier）修道院长于1750年作出结论，认为开封犹太人的《摩西五书》与西方的那些经书相吻合，从而使至此已从摩西的书中得出了支持基督教的许多有利条件，又具有了一种新的力量。

**5. 开封犹太人从与西方断绝接触到恢复书信关系的时代（1724—1850年）**

在1722—1723年间，孟正气和宋君荣神父们成了18世纪最后几个能与开封犹太人交往的西方人。事实上，雍正皇帝1724年间颁布在全帝国禁止基督教的圣旨。教堂被没收，新的基督教徒受教案牵涉，传教士们都被从各省驱逐出去。这种局势一直维持到签订天津条约（1858—1860年）为止。

开封犹太人又恢复了与世界的隔绝状态。直到1850年，两名中国新教徒才成功地重新与开封犹太人建立了联系，他们起草了有关该社团衰微破败处境的一份报告。



1760年，以撒·芒德斯·贝利萨里奥（地中海沿岸犹太人社团的大拉比），以其所在城市犹太社团的名义，给开封犹太人写去一封希伯来文书信，交由东印度公司的一名经纪人费心传递，请求他动用一切办法确保此信平安无误地寄至开封。任何人都不知道这封信的下落。摩西·埃德雷希（Moses Edrehi）声称，开封犹太人用中文与希伯来文撰写的一份答复，最终传到了欧洲，其原文可能保存在印度议会博物馆。

第二次通讯尝试是由牛津大学希伯来文专家便雅闵·克尼科特（Benjamin Kennicott）作出的，他是研究《圣经》的专家，希望能够研究中国犹太人所拥有的《圣经》文本。1769年，他为此目的又致开封犹太人一封信，但始终未获答复。

先于1777年，后于1779年，丹麦希伯来文专家奥拉夫·格哈德·蒂希森（Olav Gerhard Tychshen），经巴达维亚（雅加达）两次致信开封犹太人，但他也未取得比其先人更多的成功。

1795年1月，纽约的两名犹太人所罗门·西姆松（Salomon Simson）和亚历山大·希尔施（Alexandre Hirsh），联袂致开封犹太教社团的元老的一封希伯来文的信件，基本上是重复了由前人曾提出的那些问题。他们将这封信委托给了豪厄尔(Howell)船长，但该信后来被退回了，信封上批注的是“豪厄尔船长未能找到”(开封犹太人)。

1815年，伦敦的某些犹太人又写了一封希伯来文的信，并将它寄给了常驻广州的新教传教士马礼逊(Robert Morrison)。马礼逊又将此信委托给了要路经开封的一名中国商人。该商人声称，他已将该信件转交给了开封犹太人社团的一名成员。但当时正流传中国爆发内战的风言，该商人在获得答复之前，便匆忙逃离该城，故未获答复。

1844年11月7日，英国外交官和希伯来文专家、伦敦犹太人基督教促进会会员、曾发表过一篇有关中国犹太人论文(1843年发表于伦敦)的詹姆斯·芬恩(James Finn)，将3份用希伯来文撰写并附有英译文的调查提纲，寄到了英国驻宁波领事列敦(Temple H·Lagton)手中，此人事先曾保证给予帮助。1849年1月，经过数年的杳无音信之后，芬恩又收到了列敦的两封书信，列敦于不久之前到厦门(Amoy)任职去了。列敦抱怨说，他直到复信时尚未找到将那封信送到开封的机会，但他却发现了一种很快即将把该信送到那里去的希望。列敦会见了某一位开封人铁定安，他向列敦介绍了有关开封犹太人社团的许多详细情况。

据铁定安称，当时的开封犹太人共分成八姓，可能总共多达千余口。有两个姓保持了其完整性，这就是高氏和石氏。石氏的族长，尽管已经摒弃了犹太教礼仪，但却重建或重修了犹太教会堂。金氏家族的一个成员，已被皇帝晋升到很高的军衔(金胜，任金吾前卫千兵之职)。六姓与汉人通婚。另外两姓仅与回教徒通婚。犹太人可以把他们的女儿外嫁给回教徒，而回教徒都不肯将其女儿嫁给犹太人。

列敦最后还是找到了机会，将芬恩书信的抄件转交给了中国官吏。但该领事在尚未收到答复之前，便客死于厦门。其遗孀在1851年返回伦敦后，才向詹姆斯·芬恩(当时在英国驻耶路撒冷领事馆供职)通报了西方犹太人正殷切期盼的来自开封的一封信。由于此信是寄给厦门领事的，所以列敦夫人在伦敦等着接收它，以将它立即转交给正在巴勒斯坦任外交官的芬恩。这次等待持续了不少于20年。这封信用中文撰写并且署名为赵念祖，于1850年8月20日寄出，由芬恩于1870年4月收讫。其中对开封犹太人的介绍令人沮丧：

> 我们的礼拜堂（犹太教会堂）很久以来就没有掌教了。其主厅的四壁都破烂不堪，圣贤厅、大净间和保存《圣经》的地方，都已坍塌……我们有意将礼拜堂修葺一新，再延请某些掌教，以从事宗教活动。但贫穷阻止了我们的活动，我们的愿望始终是一场空。

信中介绍的犹太教会堂的节日和礼拜日如下：

农历二月十四日，除酵节（吃干饼或无酵饼）。那些被称为香油饼的无酵饼被分发给了朋友们（1850 年的复活节，农历二月十四日，相当于犹太历 5610 年弥撒月 14 日，也就是逾越节）。

农历六月十日，要点火。这一天被称为士师门节（阿布月初九，纪念圣殿被毁日），如今是 1850 年，六月十日则相当于犹太历 5610 年阿布月初九。

农历八月二十四日，转经节。他们要在犹太教会堂中讲经。大门紧闭，《律法之书》的经卷被展开，人们诵读经文，然后分发被染成红色的钱币（这就是欢庆圣法节，Simhat Torah）。



农历八月一日，是大族长或大先知节（很可能是犹太新年。1850 年的八月一日，相当于犹太历 5610 年以禄月的最后一天，也就是罗什·哈舍纳月节，Roch Hachana，即岁首节或新年）。

农历九月二日，小族长或小先知节（我们在犹太教中，未能找到任何相对应的节日）。

农历六月一日，出剑节（解脱节）。

开封一赐乐业教的圣贤是：阿耽（Adam，亚当）、女娲（Noé，诺亚）、阿无罗汉（Abraham，亚伯拉罕）、以思哈（Issac，以撒）、雅呵厥勿（Jacob，雅各）、十二宗派子（先知）、默舍（Moïse，摩西，乜摄）、阿呵联（Aaron，亚伦）、月速窝（Josué，约书亚）、蔼子剌（Ezra，以斯拉）。他们的经文共包括 53 卷，圣字字母总数为 27 个。《律法之书》形成了一卷长达 20 尺的卷子。小经（《先知书》、《历代志》、《诗篇》、《传道书》、《箴言》、《雅歌》等）都单独成卷。在开封犹太教会堂中，人们头戴一种小蓝帽和脚穿底松软的鞋子。犹太教自天竺（印度）传入中国，后又由那些进贡棉花和棉布（西洋布）的人传入。现在于他们的礼拜堂中，还有一幅天竺寺的平面图。在进门的第一座门之上，都挂着彩幡。其中央有一块洁白的汉白玉石碑。

当他们的先祖来到中国时,共形成7姓,分别称为赵、金、李、石、张、高和艾。其祖谱未被保存下来,也未留下那些脱离了其教团的人数。

此后又有新的来访者莅临开封,与该社团重新建立了接触。1850—1851年,有两名中国新教徒;1866年是丁韪良主教;1867年,新教主教和受归化的犹太人施约瑟(Schereschewsky)与奥地利犹太人利伯曼(J·L·Liebermann),他们先后到达开封,从事对开封犹太人的研究。

**6. 西方人与开封犹太人恢复联系(1850—1851年)**

1842年,中国与英国签订了《南京条约》,导致了中国的某些港口向西方列强开放。但在中国内地,欧洲人依然是无法进入。伦敦犹太人基督教促进会的成员库克(Janes Cook)施舍500英镑给该促进会,以便归化中国犹太人。香港第一位圣公会主教四美(George Smith),于1850年受命出任维多利亚(Victoria)主教一职,这笔款项便归他支配。此人需要找到一名受归化的中国教徒赴开封。1850年10月,他在赴上海访问时,会见了伦敦会的传教士麦都思(W·H·Medhurst),麦氏向他介绍了两名接受新教归化的中国人,可以赴开封探访犹太人。第一位是邱天生,当时正被上海传教区受雇为印刷工;第二位是蒋荣基,当时正向新近入华的传教士们讲授汉语。这两位"中国代表"的使命是尽可能多地搜集有关开封犹太人社团的信息,并试图获取在开封犹太教会堂中保存的经文抄本。原籍巴格达和当时居住于上海的犹太人以撒·法拉吉(Isaac Faraj)用希伯来文书写了一封引荐信。他们又重新向开封犹太人询问其原籍以及其所拥有的抄经,还盛情地邀请开封犹太人到上海旅行。



这两名中国代表于1850年11月15日起程,开始了一次往返共需要55天的旅行,其中有5—6天(12月9—14日)要在开封度过。他们详细记录了一份沿途旅行札记。邱氏用英文书写,蒋氏用中文记录。全部札记于1851年都在上海发表了,其书名为《开封府的犹太人:伦敦犹太人基督教促进会赴开封府犹太人会堂调查团实录》。其序言由四美主教撰写。继25年的断绝音讯之后,这本小册子向世人通报了开封犹太人社团那凄惨的衰落。

开封犹太人允许两名代表抄录装饰犹太教会堂内部的希伯

来文与中文匾额和楹联。但很快就出现了某位乔氏，他非常粗暴地命令他们立即离开此地，否则将有不恭行为。

在乔氏离开之后，一名叫做赵金诚的人赶到了他们的客栈。中国代表请求他们允许他们获得一份所有楹联和匾额的录文，以及他能找到的所有希伯来文经书，并希望利用同一机会而谈判收购《律法之书》诸卷的事宜。他立即将藏在身上的几本小经送给了两位代表。他对两名代表说：从前，他们称之为天竺教者，现今掌教们称之为挑筋教。因为他们吃的所有羊、牛或鸡，都必须是被挑断筋的。开封犹太人由此而与汉人发生了冲突。开封犹太教会堂中的万岁牌及其所有的法器，都朝东摆放。在举行宗教仪轨期间，虔诚的信徒们都面朝西，也就是面向耶路撒冷方向。会堂里不允许信徒们穿鞋进去，女子们则必须包头。在进入圣地之前，所有的男子都如同女子们一样，必须净身，该会堂的每侧都有盥洗盆和大小净池。

这两名中国代表在离开开封时，带走了开封犹太教会堂中的8卷经书，这是赵金城和赵文魁兄弟出售给他们的。1851年1月8日，他们返回了上海，提交了有关开封犹太人社团的一份悲观报告、开封犹太教会堂中的希伯来文与汉文楹联与匾额的录文，此外还有8卷经文抄卷。过去开封犹太人曾说，出卖《摩西五书》，便是出卖上帝。此时，开封犹太人陷入了贫困潦倒的窘境。人们相信，此时可以获得过去耶稣会士们始终都遭到拒绝的那些东西了。新教传教士们立即又遣使两名中国代表再度返回开封。1851年7月20日，他们再次返回上海，又带回了属于开封犹太教会堂的12卷(或13卷)《律法之书》中的6卷、50多种抄本以及开封犹太人社团中的两名成员——赵金城和赵文魁。这一切使他们共耗资400两白银(约合当时的114英镑)。两名代表报告说，这次获取的成果是在300人参与的一次大会上谈判的结果，众人都表示赞同其会堂中《圣经》的这次大规模出让和外流。



**7. 西方访问者故作“救助”开封犹太人社团的伎俩(1866—1906年)**

继两名“中国代表”访问开封之后，西方人最终得以赴中华帝国内地旅行。1866年，新教传教士丁韪良神父作出了与开封犹太人接触的新尝试。

丁韪良于1866年2月2日离开北京，于17日抵达开封，立即开始寻找犹太教礼拜堂。一座清真寺的穆夫提告诉他说，开封犹太教会堂已经彻底被毁，开封犹太人社团因沦至赤贫已四散而去。丁韪良表示一定要亲自前往犹太教会堂遗址勘察，穆夫提亲自给他指路。他很快就到达一个堂前广场，广场的中心矗立着一通朴素无华的碑，上载纪念犹太教会堂的修寺碑、相继重修清真寺碑的碑文。

丁韪良于众人面前不慎地吹嘘自己懂得希伯来文，所以他当晚就接受了数名开封犹太人的拜访，他们为他带来了一卷《律法之书》。但丁韪良当时只得被迫承认自己无能力解读它。他又获知，开封犹太人人数在300—400人之间。他们尽管已经放弃了举行其宗教仪轨，却仍维持了一个社团中心，不过该社团似乎要遭遇与犹太教会堂相类似的命运。他们向他表达了自己害怕被伊斯兰教，甚至是被土著异教同化的恐惧。其中有一人确实于近期受皈依成为佛教和尚。过去装饰大门的那个写着一赐乐业教名称的门牌，已变成了该城一座清真寺的财产。他们希望懂得希伯来文的过路犹太人，能教会他们重新掌握其先祖的语言。他们考虑将其宝贵的羊皮经书抛售于市场。青年人已不再举行割礼，其中之一还承认娶了一名异教徒女子为妻。但他们还能记得起某些节日的名称，尤其是住棚节、无酵节，还有由前一代人实施的某些宗教仪轨。



1869年3月26日，丁韪良致纽约《犹太时报》主编一封信，呼吁创建一个开封犹太人传教区并重修开封犹太教会堂。但此项呼吁虽引起了西方某些犹太人社团的警觉，却未能产生任何实效。1842年，法国人亨利·希尔施(Henri Hirsch)表示了他想前往中国的愿望，以其知识为处于濒临危亡绝境的开封犹太教社团服务。但中国当时的形势迫使他放弃其计划。1852年，由时任美国《西方犹太人》期刊主编以撒·莱塞(Isaac Lesser)拉比的推动，创建了一个开封犹太人援救会，募集了一批资金。但既是由于中国的太平军起义，又由于美洲的内战，使任何比较具体的举措都惨遭流产。1864年，在伦敦又制订一项新的援救计划，便雅闵过去就曾经在中国居住过，此次又欲从事第二次旅行，但他却在实施其计划之前逝世了。最后，在1864年，自50年来一直为复兴开封犹太人社团而工作的英国大拉比内森·马库斯·阿德勒(Nathan Marcus Adler)，通过沙逊(Sassoon)犹太银行的上海分行经理渠道，获得了在上海接待开封犹太人在那里受教育的机会。但由于这些开封犹太人受思乡病的折磨，所以他们在未能学会一个希伯来文字之前，便被遣回了故乡。

1867 年 3 月，有 3 名开封犹太青年晋京，随身携带了《律法之书》的 3 种经卷。他们将此委托给英国伦敦会传教士艾约瑟(Joseph Edkins)神父，希望他能物色到买主。丁韪良收购了其中的两种，自己留下了一种，又将另一种转让给了美国外交官和传教士卫三畏(S · Wells Williams)；第 3 种于 1870 年由奥地利外交官谢尔策(Karl von Scherzer)所得。当 3 名开封犹太青年在北京居住期间，他们会见了美国圣公会施约瑟(Samuel Isaac Joseph Schereschewsky)主教，此人是受新教归化的犹太人、入华传教士。开封犹太人向他表达了既想学习希伯来文，又想学习基督教教义的愿望。施约瑟根本也不想满足他们的要求。相反，他却与北京各修会的传教士人相配合，计划前往开封，以便在那里研究创建一个差会的可能性。



1867 年末，施约瑟终于身着中国传统的服装，并按照大清王朝的习俗前额剃发而登程。他在开封停留 25 天，由于当地的排外情绪，他被迫离开。他这次短暂居住的报告，今已佚。唯有通过其友柏汉理(Blodget)1867 年 7 月 23 日的书简，才使我们对之略知一二：

> 施约瑟先生……说，在该群落之中，有 200 或 300 个家庭系犹太人的后裔，其中的大部分人都在很恶劣条件下生活……他们已经彻底遗忘了其宗教，与异教徒相差无几了。他们于其住宅中供奉着偶像和祖宗牌位。其中的一人甚至变成了佛教徒。他们与原住民通婚，并且已经停止实行割礼了。在相貌、衣着、风俗和宗教方面，他们实际上都被中国化了。他们不会诵读《律法之书》，尽管经卷的抄本始终由他们掌握着……世人也不知道他们是否拥有中文的宗教著作。

1867 年 7 月，一名丹麦犹太人到达开封。他是由于经商而入华的。利伯曼抓住了这个难能可贵的机遇，与他同行并会见其教友们，他于开封犹太人中度过了几天。利伯曼撰写了一份访问报告，并且以希伯来文书信的形式，寄往奥地利西里西亚(Silésie)的别利兹(Bielitz)其父家中。它的一种英文缩写文本，载于 1879 年 7 月 11 日的《犹太新闻》：

> 在1840—1850年间，开封犹太教会堂完全坍塌成废墟了。自那时以来，它从未被修葺过。这既是由于一赐乐业教信徒们的大部分后裔都很贫穷，同时又是由于自从他们遗忘了其《律法之书》及其诸诫以来，他们再也不会感到拥有一座犹太教礼拜堂的迫切需要了。当他们的最后一位老掌教逝世后，他们的《圣经》的知识已完全失传。根据政府的命令，《律法之书》的经卷被露天堆放在市场上。只在一侧立竖着的一块上面写有中文的布告牌，对于能够解释经卷内容的人，许诺给予犒赏以及社团中重要的地位。

继利伯曼访问之后，又过了20年，才有一个西方人试图探访开封犹太人。1888年5月，由一名非犹太人的西方匿名人士前往那里，并在一封致伦敦出版的《犹太新闻》(1888年7月27日由该杂志发表)的短信中，对这里的一切作了一番添枝加叶的叙述。这次尝试依然以失败而告终。此人甚至未被允许迈进开封城门一步。因为唯有经大清皇帝恩准，才准许外国人进入那里。这个匿名犹太人的旅伴——一名满族人得以进入了城内，并在那里发现："在一大堆垃圾之下，掩盖着开封犹太教礼拜堂的遗址，该会堂过去朝一条叫做'挑筋教街'(经教胡同)的大街开放。其地面似乎已被改作他用，现在被用于了一个公共小便池的场地。其中央有块小石碑(1489—1512年的纪念碑)，其碑文追述了已坍塌为废墟的犹太教会堂的历史。"

1890年，戴尼斯·米尔斯(Dennis Mills)神父在开封居住两天。据其访问报告来看，那里当时还生活有200个犹太人家庭，分别属于传统上提到的7姓。但从此之后，再没有任何因素将他们与其他中国人相别了。他们中的许多人都与异教徒通婚，并且偶像崇拜，其内部矛盾有时又会导致同教教友的死亡。在12卷《律法之书》中，仅有一种尚由犹太人掌握。

3年之后，英格兰国家圣经学会的代表阿诺(A·S·Annaud)，也对开封犹太人作了一次短暂的访问，还亲赴开封犹太教古会堂遗址。他在那里发现石碑仍存在，并且还证明一赐乐业教的后裔们始终生活于礼拜堂的附近。他在那里会见了一名青年犹太人，此人向他断言，该犹太人社团只包括传统7姓中的6姓了，形成了一个有500人的社团。但据回教徒们估计，当时开封犹太人的数目不足半数了。

1899 年，江南宗座代牧主教安西满(Volonterie)以及其他耶稣会士们，收购到了开封犹太人的一卷《律法之书》。这很可能是开封犹太人所掌握的最后一卷经文。他另外还获得了几种经文抄本，然后将这一切都寄往上海，还附有 1679 年所立的一通石碑的碑文拓片，人们发现该石碑已被镶嵌在一家犹太人住宅的墙壁上。碑文已不堪卒读，从未被解读过。

1900 年 6 月，新教传教士罗伯特·鲍威尔(Robert Powell)在断断续续地居住于开封数年之后，又估计开封犹太人的数目在 150 人左右，分布在包括 8 姓 40 户人家中。他们所有人都很贫穷，处于社会的最底层。这些人不再遵守其仪轨，只有一人成为佛教和尚，其余人都不肯迁就异教徒们的偶像崇拜，但他们却与这些人通婚。

1905 年，法国外交官菲利普·贝特洛(Philippe Berthelot)会见了开封犹太人的 6 姓家长。张氏家族似乎已经离开了该城。赵氏是茶叶商，艾氏是鞋商，高氏是泥瓦匠，李氏是兵勇，金氏是一个很难确定其职业的穷人，石氏是丝绸批发商。石氏在人口数量上居多，共 72 人。尽管他们始终自称信仰犹太教，却对希伯来文一窍不通，已经不再形成一个社团了，而且心甘情愿地接受了伊斯兰教或佛教。



1906 年，英国作家班布里奇(Bainbridge)从其对开封的访问中，带回了他拍摄的一组照片；同时还有《律法之书》一个卷子的外套，这是他从一座清真寺中获得的。开封犹太人请求其西方的同教教友们前来帮助他们，以重建其会堂，帮他们从贫困绝境中摆脱出来，却未获任何成果。

**8. 西方人振兴开封犹太人社团的尝试最终失败(20 世纪)**

西方人此后又制订了多项计划，如希尔施于 1842 年，便雅闵于 1864 年；1852 年，又由一个美国协会募集到了基金，但由于当时的美洲内战和中国太平军起义，这笔基金始终未能汇出。

1900 年，西方犹太教社团又制订了一项新的援助计划。蒂莫西·理查德(Timothy Richard)致信上海耶稣会士所罗门(Solomon)说，安西满主教近期获得了一卷开封犹太人的《律法之书》稿本，他坚信完全有理由避免该犹太教社团的彻底瓦解，所以耶稣会士所罗门联合上海的其他 44 名犹太人，于 1900 年 3 月 13 日共同起草了一份被译成中文的希伯来文书信，寄给了其在开封的同教教友们。在指责开封犹太人向异教徒出售了其《律法之书》的经卷、不举行犹太教的节庆、不庆祝安息日、与异教徒们混杂而居、放弃了其先祖在2000多年间所走过的路之后，他们宣布说：

我们强烈希望能在我们力所能及的范围内帮助你们，以使你们能够重新沿你们先祖的足迹前进。如果你们希望重建你们那今天已变成一片荒地的"天堂"，那么我们将募集资金并给你们送去；如果你们乐意前来上海逗留或定居，那么我们将帮助你们作这样的安排，向你们提供谋生的手段，教会你们经商，并尽我们的一切可能，向你们提供你们将会提出的一切要求。

这封信经新教传教士而被携往开封，中途却被义和团劫走了。但其抄件，最终于1900年8月被辗转送达了目的地。1900年5月14日，共有31名上海犹太人创建了"中国犹太人救援会"，其使命便是"研究开封犹太人群落的起源、发展与历史，保护遗址与文物，在必要的情况下再新建其他犹太教礼拜堂，使直接出自犹太人家族的所有中国人都回归犹太教"。



1900年10月24日，开封犹太人通过一位叫作李金诚的人，自开封寄出了一份答复。李金诚是一名50多岁的面粉批发商。他于1901年4月6日由其子陪同到达上海。当时尚有50多个犹太人家庭生活在开封府，其中的任何人都不会阅读或书写希伯来文字，不再遵守《摩西五书》诸诫了，更不再庆祝安息日了，从此之后散居在全城。但他们在绝不崇拜偶像和绝不食猪肉方面，却与其他中国人明显有别。他在上海居住3周之后，又返回开封，随身携带了中国犹太人救援会的第2封书信。他于1902年3月10日，又偕其他6名开封犹太人返回上海。曾在上海会见过他们的佩尔曼(S·M·Perlmann)先生认为，他们的文化层次很低，缺乏受教育的机会。其中的一人是一名15岁左右的青年人，他在上海居住期间受割礼，并取教名"一赐乐业"(Israël)。

上海中国犹太人援救会计划重建开封犹太教会堂，于是便向上海的塞法拉迪人(Séfarades，地中海沿岸犹太人移民社团)发出了募集基金的呼吁。该社团却借口已经付出巨额捐款，以帮助流亡到中国的俄罗斯犹太人，故不能再给开封犹太人任何帮助了。随同李金诚赴上海的6名开封犹太人空手而归。他的父亲于

1903 年客死于那里,被安葬于犹太人墓地。而 14 岁的儿子,被一个犹太人家庭收养,但他却对于犹太教的礼拜地点未表现出任何兴趣。他最终返回开封,1948 年逝世。

使开封犹太人社团重新繁荣昌盛的最后希望,至此宣告彻底破产了。1900 年许下的任何诺言,都未能落实过。1904 年 3 月,当上海的中国犹太人救援会最后一次开会时,便正式宣布放弃了落实 4 年前制订的计划了。

加拿大圣公会传教士怀履光(William Charles White)也曾试图振兴开封犹太人社团,他曾负责河南的一个加拿大差会,最早曾有雄心壮志。怀履光于 1910 年到达开封时,曾满腔热情地关心开封犹太人,与他们保持着良好关系,并且计划立即就归化他们。尽管他在该城生活了 25 年,并始终与犹太人保持着良好关系,但他从未能成功地振兴这个古老的社团。



此外,怀履光在 7 个犹太姓氏族长的支持下,于 1912 年将 1489—1512 年和 1679 年的碑迁至犹太教会堂大院内,以避免在荒地上造成损坏。他与地方当局发生冲突,因为当地官府同样也想将石碑据为己有,开封犹太人仍坚持希望将它们交给差会保管。1913 年,双方接受了一种妥协办法,怀履光保证不把这些石碑运出省外。1914 年,根据那些始终在名义上是这些石碑主人的犹太人的建议,怀履光又买回了过去矗立过犹太教礼拜堂的那片地基,并令人对它作了清理。怀氏指出:

> 1918 年,我试图将中国犹太人集聚起来,以便把他们组织成一个希伯来人社团。属于犹太人后裔的 20 多个男女都被集中在开封,共举行 3 天会议。但他们却未能达到目的。

怀履光可能是曾试图解救濒临灭亡的开封犹太社团的最后一个外国人。然而,正是在他于开封居留的那段时间内,其他西方人也纷纷赶到开封访问犹太人:1918 年,美国驻华代办(参赞代理馆务)丁家立(Charles D · Tenney);1923 年,美国旅行家哈里 · A · 弗兰克(Harry A · Frank);1924 年,上海犹太人阿瑟 · 索菲(Arthur Sopher)。他们的不同见证却只提供了很少有价值的资料。

但是,在 1924 年 7 月,中国犹太人救援会又暂时摆脱了沉寂。1924 年 8 月,人们又向开封派去一名中国犹太人,即大卫 · 利未(David Lévy),又叫王(Wong)先生,过去曾任上海拉结犹太教会堂(Ohel Rachel)中的教堂执事助手。他在开封会见了其两名教友。这些人曾呼吁开办一所学校,以使其孩子们可以在那里学习犹太教的基础知识。太卫·利未于是便自告奋勇地去为实现这项计划而努力,但上海中国犹太人教援会从未为此做过任何事,而且它于此后不久便最终宣布放弃了此项计划。曾于1932年访问开封的美国犹太人戴卫·布郎(David A·Brown)写道:

过去,开封距上海或北京,都有数周旅行的路程,要乘马车或骑在驴背上行路。在中国内地旅行,必然会经受诸多磨难和巨大危险。但自20多年以来,便有火车定期通向中国铁路网的中继城市开封城,以至于其旅程的持续时间不会多于两天的光阴了,无论是从上海出发,还是从北京出发,基本上都一样。我是乘飞机旅行的,从拥有一个优质机场的开封直达北京,飞行持续了5个小时。

开封犹太人在一个多世纪的徒劳等待中,无可挽回地要被同化,正如晚期赴那里的访问者们所证明的那样。这些人中包括日本人曾我部净雄(Sogabe Shizuo)和三上谛听(Mikami Teicho),他们是1940年在日本占领该地区期间赴开封的;西方人包括美国记者与摄影师哈里森·福曼(Harrisson Forman)、法国外交官彼埃·吉尔伯尔(Pierre Gilbert,1938年)、吉米·伯克(Jimmy Burke)和阿奇博尔德·斯蒂尔(Archibald Steel,1946年),以及捷克汉学家提谟修斯·波科拉(Timoteus Pokora,1957年)。中国的犹太教在一个世纪之前就被定性为“濒临灭绝”的了,后来确实“灭绝了”。开封犹太人仅仅以一种似是而非的故事出现。如在美国女作家赛珍珠(Pearl Buck)的小说《牡丹》中,她为我们推出了某些其教名为戴卫(David)或莱雅(Léa)那样的人名,他们以最正统的传统庆祝复活节。

以上便是开封犹太人从被发现到最后被同化的简单历史。

万明

# 郑和下西洋

万明，中国中外关系史学会秘书长，中国社会科学院历史所研究员、明史研究室主任。著有《中葡早期关系史》。论文《16—17世纪中叶澳门对海上丝绸之路的历史贡献》、《清朝前期对澳门的治理》、《15世纪中国与东亚贸易关系的建构》、《郑和下西洋的再认识——知识的累积与递进》等。

今天来讲“郑和下西洋”这个题目，是中国中外关系史学会应国家图书馆善本特藏部之邀，参与合作主办“中外关系史学术讲座”的第一讲，我感到很荣幸。主办这个讲座的主要目的是普及传统文化知识。中外关系史，也就是中国历史上中国与外国的关系，包括政治、经济、文化、社会生活等各个方面，内容极其丰富多彩。这些知识是我们祖国历史文化中重要的组成部分。那么，今天我们都知道明朝时有郑和下西洋这样一件大事，在中学历史课本里有这一课，在大学文科通史课里也有这一课。今天我在这里主要从四个方面来谈：一、郑和下西洋是怎么引起近代国人关注的。二、关于郑和下西洋的知识是如何传递下来的。三、郑和下西洋留下的历史之谜。四、人类发展史上的两种航海模式的问题。



## 一、郑和下西洋是怎么引起近代国人关注的？

这就要谈到郑和研究在上世纪初的兴起，谈到梁启超和他的那篇重要文章——《祖国伟大航海家郑和传》。梁启超是个著名的人物，他是戊戌变法的维新人物，主张维新救国，同时，他也是我国现代史学的奠基人。这里要说的是他在变法失败以后，流亡日本。1904 年梁启超在《新民丛报》上以笔名“中国之新民”发表《祖国伟大航海家郑和传》一文，这篇文章对于传统史学具有突破性的意义，它是怎么产生的呢？自鸦片战争以后，清朝与外国订立了一系列不平等条约。1900 年八国联军攻占北京，次年，在慈禧太后“量中华之物力，结与国之欢心”的许诺下，订立了丧权辱国的《辛丑条约》。当时，梁启超一方面有慨于中国被西方列强侵略和瓜分的惨痛现实，另一方面有感于传统旧史学的弊端，他认为旧史学有四弊：一是知有朝廷不知有国家，旧史家视天下为君主一人所有，史书只有朝代的成败得失，二十四史是二十四姓家谱，而没有一部国民的历史；二是知有个人不知有群体，只有个人墓志,没有群体“进化之状”;三是知有陈迹不知有今务,史学没有“经世之用”;四是知有事实不知有理想,旧史机械记载,不能分析因果得失鉴往知来。针对当时国民只知“家”,不知“国”,更不了解“国”以外还有一个世界,他在1902年创办了《新民丛报》,发表《新史学》,独树一帜,倡导新史学,对知识界很有影响。梁启超提出史学是“国民之明镜”,“爱国心之源泉”,新史学的意义就在于启蒙“国民意识”。他把对普通国民意识的启蒙,作为史学的功用来提出。因此,探讨中华民族在世界历史上的地位这样一个重大的命题,也就理所当然地成为新史学的题中之意。《祖国伟大航海家郑和传》这篇文章的产生,紧接在《新史学》发表后,是梁启超史学革命思想理路的延伸。梁启超充分肯定郑和是祖国伟大的航海家,对郑和投以关注绝不是偶然的,也可以说,对郑和下西洋的关注,从一开始就是与祖国命运联系在一起的。

## 二、关于郑和下西洋的知识是如何传递下来的?



这里谈谈有关郑和及其下西洋留传下来的最重要的史籍和文物,可以说是研究郑和的基本史料。概括说来,就是:三书、一图、一小说和七块碑。下面分别作个介绍。七块碑以外,今天我们讲三书、一图、一小说有一个得天独厚的条件,那就是可以利用国家图书馆善本部收藏的珍贵的善本书来谈。

首先,讲三部书——马欢《瀛涯胜览》、费信《星槎胜览》和巩珍《西洋番国志》,是记载郑和下西洋的三部最重要的史书,之所以重要,是因为这三部书的作者都是跟随郑和下过西洋的人,也就是亲历海外的人写的书。

第一部,马欢《瀛涯胜览》,主要有《国朝典故》本、《纪录汇编》本、《胜朝遗事》本等。我们看《国朝典故》本,是一个抄本,这个本子应该是最早,但是比较简略;而《胜朝遗事》本也有些删节,《纪录汇编》本是冯承钧先生认为最详细的本子。在《瀛涯胜览》校注序里,他说还有一个《三宝征彝集》的本子,见有《天一阁书目》、《抱经堂书目》著录,但当时不知下落,所以他只是依据见到的以上三种本子对《瀛涯胜览》作了校注。现在我们可以看到《三宝征彝集》这个本子,它就在国家图书馆善本部这里。而书名中的“彝”字，本来用的是“夷”字，原来是《三宝征夷集》，这是一个明抄本，是很珍贵的。

《瀛涯胜览》作者马欢，字宗道，别字汝钦，自号会稽山樵，浙江会稽，也就是今天浙江绍兴人。他是回族，通晓阿拉伯语，以通事也就是翻译的身份分别在明永乐十一年、永乐十九年、宣德六年，也就是第四次、第六次、第七次跟随郑和三次下西洋，先后访问了 20 个国家和地区。作为远航的随员之一，马欢对所到各国的地理位置、山川形胜、政教状况、社会生活、商业贸易、宗教信仰、物产资源等情况做了细致观察，回国后写成《瀛涯胜览》一书。《纪录汇编》本有马欢自序，作于永乐十四年，就是 1416 年，可见当时他已经在著述了，书末写有“景泰辛未秋月望日会稽山樵马欢述”，据此，书成于景泰二年，也就是 1451 年。

第二部，费信《星槎胜览》，主要版本有天一阁两卷本、《国朝典故》两卷本、《古今说海》四卷本、《纪录汇编》四卷本等等。现在我们在国图能看到的是《国朝典故》两卷本，是抄本，《古今说海》四卷本。两卷本分为前后集，前集是费信记载亲身经历的海外国家和地区，而后集采辑的是传闻的地方。据向达先生比较和考证，四卷本有文采，远胜于两卷本，就是自序文字也是繁简各异，所以认为四卷本一定是经过修饰的，而两卷本大约是原本。

《星槎胜览》作者是费信，字公晓，昆山人，也就是今天的江苏昆山人。他本是太仓卫军士，在本书自序中，他说自己在 22 岁时被选中前往西洋，从永乐七年（1409），到宣德八年（1433），他四次下西洋，但是跟随郑和出使是两次，就是永乐七年和宣德八年，也就是郑和第三次和最后一次下西洋。作为远航的随员之一，同样，费信也对所到各国的地理位置、山川形胜、政教状况、社会生活、商业贸易、宗教信仰、物产资源等情况做了观察，并且还采辑了前人，如元朝汪大渊《岛夷志略》中记载的海外国家和地区的状况，所以记述的国家和地区比《瀛涯胜览》要多。《星槎胜览》一书成于正统元年，就是 1436 年，所以这部书早于《瀛涯胜览》成书。但是我们要注意《瀛涯胜览》所记国数虽少，比《星槎胜览》记述却更详细，因此史料价值也最高。

第三部，《西洋番国志》，这部书最早是在明朝钱曾《读书敏求记》著录了，《四库全书总目提要》放在地理存目类，所以向达先生起初介绍郑和研究的资料时，只是根据上述著录，没有见到书。后来知道知圣道斋抄本为周叔弢先生所藏,周先生将藏书捐赠给国家图书馆,我们现在看到的这部书虽然是清抄本,但因为是罕见的孤本,所以弥足珍贵。

《西洋番国志》作者是巩珍,号养素生,南京人。他也是一名军士,后来升为幕僚。他跟随郑和第七次下西洋,在回国后不久就写成了《西洋番国志》一书,是在宣德九年(1434)。因此这部书是三部书中最早成书的,但是巩珍因为不懂得"番语",所以他的书所记各国事迹,耳闻目睹都依靠翻译,他的书的内容也与马欢的《瀛涯胜览》基本相同。也正因为如此,向达先生以它与《瀛涯胜览》、《星槎胜览》等书对校,出版了校注本。《西洋番国志》卷首收有永乐至宣德的敕书三通,是研究郑和下西洋前准备情况的重要史料,不见于其他的书。巩珍在书的自序中记载了当时下西洋,用"牵星过洋",以水罗盘定方向;提到下西洋时如何积贮淡水等等,都是研究当时航海史有用的资料,也是其他书没有记载的。

其次,讲"一图",这就是《郑和航海图》。见于明朝茅元仪辑的《武备志》一书二百四十卷,它的原名是《自宝船厂开船从龙江关出水直抵外国诸番图》。因原名太长,就省称为《郑和航海图》了。现在国家图书馆藏有两种明天启刊本《武备志》,一种40册,一种60册,60册的没有这幅图。郑振铎先生收藏的40册《武备志》里的图,已经由向达先生整理出版了。向达先生在整理序言中作了一个比较详细的介绍:原图一共有24页,序1页,地图20页,《过洋牵星图》2页(四幅),还有个空白页。序只有142个字,向达先生以为是出于茅元仪之手。茅元仪,是浙江归安(今湖州)人,生活在明朝万历至崇祯年间。他的祖父茅坤,人称鹿门先生,曾在嘉靖年间参与浙江沿海抗倭,熟悉海防。茅元仪好谈兵事,生当明季国家多事之秋,投身军中,官至副总兵,并且还编写了一些有关军事和边防的书。《武备志》就是其中一种,是他寓居金陵时编辑的,在崇祯元年(1628)进呈朝廷。因为书里讲到了辽事和建州事,清朝列为禁书,到道光以后才重印。《武备志》中所收的《航海图》,茅元仪序里没有说明来历,但是嘉靖年间浙江巡抚胡宗宪为了防御倭寇,曾请人编辑《筹海图编》,茅坤参加了编纂,因此很可能是那个时候留传下来的。郑一钧先生根据南京静海寺建成和没有天方国的记载,认为此图应制作于第五次下西洋以后，第七次下西洋之前。

《航海图》自右向左一字展开，绘制而成。由于是在书中，所以我们看到的不是卷轴式的，而是书本式的。全图从南京开始，最远到达非洲东岸。包括地名500个之多，多数是亚非诸国与地区的地名，内容丰富。关于这幅《航海图》，中外许多学者进行了大量研究工作。早期中国学者主要有梁启超、冯承钧、向达、范文涛等，欧洲学者主要有马耶（W. P. Mayer）、戴文达（J. J. Duyyendak）和伯希和（P. Pelliot），日本学者主要有山本达郎、北村松之助等。

最后，讲"一小说"。就是罗懋登著《三宝太监西洋记通俗演义》。国图有珍藏本，全称《新刻全像三宝太监西洋记通俗演义》，二十卷一百回。书由二南里人编次，三山道人绣梓。

那么二南里人是谁呢？根据卷首万历二十五年（1597）二南里人序，他就是罗懋登。罗懋登字澄之，明万历间人，生平不详。根据序文，这部书是有感于万历年间的东事起而作的。所谓东事，是有具体所指的，就是万历二十年至二十六年的日本侵略朝鲜、明朝援朝之战，那是日本的第一次侵朝战争，也是中朝第一次联合反侵略战争。这场明朝援朝御倭之战，朝鲜称为壬辰、丁酉之战，日本称为文禄、庆长之役，是一场关系中、朝、日三国、规模空前的国际战争，也是西方东来以后，东亚国际关系发生重要变化的一个标志。虽然战争是以中朝胜利、日本失败而告终，但是这场战争也暴露了明朝的许多问题，国事危急，朝廷无能，文官爱钱，武官怕死等等。这引起社会上如罗懋登这样的普通人的忧虑和激愤，所以他才要以小说形式宣扬郑和下西洋。无独有偶，这部小说见知于世是在晚清，向达先生认为是学者俞樾的功劳。因为俞樾在他的《春在堂随笔》中说郑和的事迹"赫然在人耳目间"，可见由于当时国事衰微，郑和的事迹再次引起国人关注，就是俞樾这样的著名经学家也因此注意到了这部小说，并且注意到这部小说序言所说的"寓思古伤今之意，抒忧时感事之忱"的含义，也动了"思古伤今"之情，不禁"三复其文"，为之长太息，可谓明了此书所作之真谛了。也因此，他称此书有过于《封神榜》和《西游记》，评价很高。后来向达先生也不仅以小说来看待它，认为它是以《瀛涯胜览》为主要材料写成，可以校正《瀛涯胜览》一书。赵景琛先生把它与《瀛涯胜览》、《星槎胜览》等史籍详细对照,充分说明了小说是根据史籍写出来的,不少地方可以补史之缺。

现在回头来说一下这部书的图,每回有图二幅。专家认为"颇为古雅",不是俗手所绘的。这里面的图有大量的郑和形象出现,这是明朝人画出来的郑和形象。不仅如此,书里还有关于郑和形象的描述。这里我讲一段插话。福建长乐漳港镇仙岐村有一座显应宫(又称大王宫),是清光绪年间因海啸而沙埋在地下的,直到1992年福州修建长乐国际机场才偶然出土。当时由福建省博物馆考古部与福州市文物考古队联合发掘,发表了《长乐漳港大王宫遗址清理简报》。显应宫地宫中共有5个神台,供奉有大王和夫人、临水夫人、马将军、天妃和巡海大臣(神)5组神像,计有50多尊彩泥塑像。其中位于前殿左侧神台上的,是根据民间传说定名的一组"巡海大臣(神)"彩塑,共有10尊,与前殿右侧的天妃彩塑组群置于完全平行地位,颇为引人注目。要了解"巡海大臣(神)"彩塑到底是何方神明,关键是对为首的塑像进行考定。这组彩塑居中是一男性,高100公分,坐姿,他显然是这组神像中的主体塑像。塑像面如满月,表情慈善祥和,坐姿优雅端庄,身穿红色圆领袍服,胸前、两袖均有贴金纹饰,左手置于膝上,右手扶在腰间所束带上,脚下是一双皂色靴子。那么,这尊主体塑像是否是郑和?我就是从这部小说入手的。书中第四十六回"元帅亲进女儿国　南军误饮子母水",详细描绘了郑和的衣着装扮,"头上戴一顶嵌金三山帽,身上穿一领簇新蟒龙袍,腰里系一条玲珑白玉带,脚下穿一双文武皂朝靴"。再将第二十一回"软水洋换将硬水　吸铁岭借下天兵"的插图所绘,与上述记载相对照,就可得到一个完整的郑和形象了。那么,再将《西洋记》中的记载和图像与显应宫的巡海大臣(神)塑像比照,可以说是吻合的。有人会说小说家言,是否可作为依据?我认为实际上民间宫观所祀的神像,本来大都来自里巷传说或者小说、戏剧中的形象,比如关帝庙中关羽塑像就是根据《三国演义》中描绘的形象塑造的,是一个典型例子。显应宫塑像的造型也不例外,这就给我们认定显应宫"巡海大臣(神)"彩塑组群提供了一条有力的证据。

下面再简略谈谈"七块碑"。先说明一下,这里所说的是有关郑和的主要的七块:云南昆阳《故马公墓志铭》、太仓刘家港天妃宫《通番事迹碑》、福建长乐《天妃之神灵应记碑》、江苏泉州《回教先贤墓郑和行香碑》、西安清静寺《重修清净寺碑》、《南京静海寺残碑》，还有斯里兰卡《郑和布施碑》，这些都是有关郑和的直接文物，极为珍贵。

《故马公墓志铭》，是郑和父亲马哈只墓志铭。由明礼部尚书、左春坊大学士李至刚撰，碑阴附郑和题记。碑在郑和故里云南昆阳。郑和父曾去麦加朝圣，因此尊称哈只。他生于元至正四年(1344)，卒于明洪武十五年(1382)。永乐三年(1405)，即第一次下西洋的前夕，郑和请礼部尚书、大学士李至刚撰写碑文。至郑和故里——云南昆阳州刻石立碑。永乐九年(1411)，郑和在第四次下西洋前不久，回乡祭扫。碑阴刻有“马氏第二子太监郑和，奉命于永乐九年十一月二十二日到于祖宗坟茔追荐，至十二月吉日回还。记耳”，清末被发现。

《通番事迹碑》，原立于江苏太仓刘家港天妃宫壁内，早已下落不明，但碑文在明人钱谷《吴都文粹续集》中得以保存。刘家港是郑和出海之处，天妃宫气势宏伟，建筑面积为600多平方米。此碑是郑和第七次下西洋时到天妃宫朝拜祭祀时所勒石立的碑，详细记载了七次下西洋的时间和事迹。



《天妃之神灵应记碑》，郑和第七次下西洋，于福建长乐南山重修天妃行宫和兴建三清宝殿，并曾撰立《天妃之神灵应记碑》，其碑详细记载了郑和七下西洋的往返年月和七下西洋的主要事迹，与太仓刘家港之《通番事迹碑》所记基本相同，可互为参证。这块碑刻是目前国内仅存完好的郑和下西洋最珍贵的遗物。

《郑和行香碑》，又称泉州灵山回教先贤墓行香碑。是在泉州伊斯兰教圣墓留有的郑和行香石刻一块，碑文是楷书红字，上刻碑文是：“钦差总兵太监郑和前往西洋忽鲁谟斯等国公干。永乐十五年五月十六日于此行香，望灵圣庇佑。镇抚蒲和日记立。”这可以说明郑和曾在下西洋前到泉州圣墓行香。蒲和日又名蒲日和，是蒲寿庚的侄子，蒲家原为回回巨商，蒲寿庚任宋元管理海外贸易的市舶使达几十年之久。蒲和日继承家族遗风，在永乐十五年(1417)郑和第五次下西洋时随之出使，因功加封为泉州卫镇抚，为此立碑记。

《重修清静寺碑》，是在陕西西安清静寺。清静寺是西安名寺，建于唐代。洪武十七年(1384)尚书铁铉修，永乐十一年

(1413)郑和重修。《重修清静寺碑》记:永乐十一年四月,太监郑和奉敕差往西域天方国,道出陕西,求所以通译国语可佐信使者,乃得本寺掌教哈三,此后,精通阿拉伯语的哈三随郑和参加了第四次下西洋。回国后,经过郑和重修的清静寺成为"巍然奇观"。

《南京静海寺残碑》,原藏南京静海寺内,残碑曾有拓片,从残存部分可以看到的内容记载了永乐三年、七年的下西洋事迹。特别是提到"驾乘二千料海船"。静海寺是专门为郑和下西洋建造的佛寺,建于永乐年间。史籍中记,寺中有郑和下西洋带回的西府海棠。

《郑和布施碑》,此碑先藏在斯里兰卡科伦坡博物馆,是郑和第二次下西洋在锡兰山(今斯里兰卡)佛寺所立石碑。1911 年在斯里兰卡发现。碑用汉、泰米尔和波斯文刻成。永乐七年(1409)郑和第二次下西洋,船队到当地佛寺行香,向该寺布施香礼金一千钱,银五千钱,各色绵丝十匹,各色绢丝五十匹,织金丝纱丝宝幡四对,铜香炉五个,花瓶五对,烛台五对,漆金香盒五个,蜡烛十对,香十炷。碑文记载了永乐皇帝对佛陀的敬仰之情。



这部分的内容讲完了,我想说,就是通过以上讲到的,以及还有许多在这里没有讲到的其他珍贵史籍和文物的保存,有关郑和下西洋的事迹留传了下来,关于郑和下西洋的知识传递了下来。

## 三、郑和下西洋留下的历史之谜

郑和下西洋给我们留下了许多谜,就是郑和本人也有不少的谜,但是因为时间关系,我在这里只能选择来讲三个有关下西洋的谜,前面两个困扰了我们近百年了,后面的一个没有那么久,也许不是一个谜,但是它却使我们对郑和下西洋有更多的思考。

### (一)郑和下西洋的目的是什么?

美国女作家李露华(Louise Levathes)为她 1994 年出版的关于郑和下西洋的书,取名为 *When China Ruled the Seas*,可以译为"当中国称霸海上"。在古代中国乃至世界航海史上,郑和下西洋都是最令人瞩目的事件之一。我们可以想一想,郑和先后七次率领规模庞大的船队,扬帆远航,历时 28 年之久,经历亚非三四十个国家和地区,确实是一桩"盛事"。那么这样的远航,它的目的到底是什么?换句话说,为什么要下西洋?对此从明清以来一直就是众说纷纭，莫衷一是。主要有以下几种说法：

**1. 是不是有“踪迹建文”的神秘使命？**

清初张廷玉等在《明史·郑和传》里，说明成祖，也就是永乐皇帝怀疑建文帝流亡海外，欲踪迹之。由此看《明史》的纂修者，把到海外跟踪寻查惠帝，看做是郑和下西洋的主要目的。在清朝各种史著里，也多认为“踪迹建文”是郑和下西洋主要目的之一。傅维鳞所著《明书》（清顺治年间）、康熙年间万斯同主持编纂的《明史列传》、王鸿绪《明文稿》都有相同的说法。但是，在明人有关著述中，却多不持这种说法。实际上，我们知道明太祖朱元璋死后，因为他的长子早已病死，由皇太孙朱允炆即位，就是建文帝。他鉴于诸王兵权过重，尾大不掉，决心削藩。当时的燕王朱棣起兵“靖难”，一直打到了南京，结果是宫中火起，建文帝的下落一说自焚死，一说从地道出亡了。明朝有关于建文帝出亡后活动于西南等地的传说。于是，永乐皇帝派胡濙以寻张三丰为名，追寻建文帝的行踪。永乐二十一年（1423）还朝复命，带回建文帝不想复位的可靠消息，朱棣立即解建文朝之禁，恢复建文朝大臣的田产。但是，自从《明史》有了这种郑和出洋追踪建文帝的说法以后，也就出现不少因袭此说的。如范文澜的《中国通史简编》也说郑和下西洋是“以探寻朱允炆踪迹为首”。

**2. 是为了“耀兵异域，示中国富强”吗？**

《明史·郑和传》里，在“踪迹建文”之后，接着就说“且欲耀兵异域，示中国富强”。梁启超据此在他的《祖国伟大航海家郑和传》中指出，朱棣以雄主野心，想通过这一壮举扬威海外，达到震慑与笼络海外诸国来朝受封的目的。此后有学者把下西洋的动机说成只是“耀兵异域”，别无他意。认为朱棣是篡位，自知“夺嫡”声名不佳，派遣郑和出洋耀武异域，提高国际威望，使万国来朝，安抚或镇压逃到沿海岛屿和海外的不愿与他合作的臣民，不失为巩固统治的愿望。

**3. 是为了牵制帖木儿帝国吗？**

15 世纪初，帖木儿帝国崛起于中亚，永乐二年（1404）十一月，帖木儿调兵数十万准备东征中国，但在永乐三年（1405）二月就死于途中，同年六月朱棣派遣郑和第一次出使，有学者提出是想联络印度等国，抄袭帖木儿帝国的后方，牵制其东侵。也就是说下西洋是从海路配合解决帖木儿帝国东侵问题。

**4. 是以经济目的为主吗?**

有关下西洋是以政治,还是以经济为主的讨论,最早出现在20 世纪 30 年代。吴晗撰长文全面论述中国与南洋的关系,重心是在下西洋与南洋的贸易联系,提出下西洋目的以经济为主的观点,而许道龄、李晋华等学者则认为不然,以为是以政治目的为主,宣扬国威,踪迹建文等。持不同观点的双方在顾颉刚主编的《禹贡》上发表论文讨论一年多,最终以童书业的阐述的下西洋有贸易性质的论文结束。此后,主要是为扩大海外贸易,以此增加财源的经济目的的说法一直存在,争议也一直持续至今。

**5. 是为了建立广泛的国际友好关系吗?**

很多学者论述下西洋是实施明初睦邻友好的外交政策,由此出发,评价郑和下西洋是友好使者,下西洋极大地发展了与亚非国家的友谊和经济联系,取得了巨大成就。也有学者提出中国是宗主国,与各国是宗番关系,郑和出使中有军事活动,不能简单称为和平使者。

**6. 前后分期,目的是不同的吗?**



也许是为了综合各个因素,有学者提出了郑和前三次下西洋主要是政治需要,是为了和东南亚、南亚沿海诸国建立一种国际和平局势,树立明王朝的声威,附带解决"疑惠帝亡海外"的问题;后四次主要是与更远的亚非国家和地区发展经济交流关系,并认为在发展国际贸易方面,郑和使团获得了空前的成功。但是,政治和经济有可能截然分割吗?紧接着的问题是:这样的说法有助于解决问题吗?

**(二)郑和的"宝船"究竟有多大?**

郑和七次访问亚非各国,船队中的大海船称作宝船,那么,大型宝船究竟有多大?学术界一直争论不休,至今是一个谜。

在 20 世纪 40 年代,管劲丞首次对《明史》记载中"修四十四丈,广十八丈"提出了疑问,认为尺度太大了,不可思议,并根据郑鹤声发现的静海寺残碑,提出船是二千料的观点。

根据马欢《瀛涯胜览》、顾起元《客座赘语》、罗懋登《三宝太监西洋记通俗演义》、《明史 · 郑和传》等史籍记载:宝船长 44 丈,宽 18 丈。有学者根据明代度量衡,估算大型宝船长度约合151.8 米,宽 61.6 米,这么大的船,从事造船史研究的专家,推算出"宝船"排水量约 3 万吨,比现代的万吨轮还要大。认为在古代要造这样大的船,难以置信。上海交通大学杨槱教授认为,从航海与造船角度分析,长 44 丈、宽 18 丈,这种长度与宽度之比过小,不适于航行与操纵,因而推断史籍记载有误。

1957 年,南京市下关三汊河附近中保村龙江船厂遗址,出土了长 11.07 米的巨型舵杆,是铁力木制作的。专家从巨舵杆长度和结构分析,这样的舵秆上安装的舵叶高度为 6.35 米,装有这样巨船舵的船长度,应在 48 丈到 56 丈之间,因此,巨舵杆有可能就是用于宝船的。

现在一方面,重史料证据的史学界,认为马欢是跟随郑和下西洋的当时人,他的记载是可信的;而同时也随着下过西洋的巩珍,在他所撰的《西洋番国志》中记载:宝船的帆舵等"非二三百人莫能举动"。由此我们也可推知,郑和宝船是非常巨大的。另一方面,科技界学者有持疑的。因此,郑和下西洋的宝船究竟有多大,还有待考古文物的新发现,才能解开这个谜。

**(三)郑和远航的终极地是在哪里?**

说到这个问题,直到 20 世纪末,本来已经不是一个问题,或者说史学界已不把它看成一个问题了。因为史料早已经向我们表明,下西洋的终点是在东非海岸,这是多年来公认的历史定论。可是,2002 年 3 月 15 日,英国人加文·孟席斯在英国皇家地理学会发表了他的新观点:中国航海家郑和的船队比哥伦布早 72 年到达美洲大陆,还可能比麦哲伦早一个世纪进行了环球航行。同年 10 月底,孟席斯出版了专著《1421:中国人发现世界的一年》,详细论述了他的主要观点:美洲新大陆不是欧洲人发现的,欧洲首批探险家都携带着标明目的地的美洲新大陆的海图起航,从 15 世纪初到哥伦布等人探险前,只可能是规模巨大的中国郑和船队到过美洲新大陆,做过环球航行,具有绘制这些世界地图的基础,从而他提出 1421 年中国人发现了世界。我刚才说我们是重历史证据的,我们曾希望他为他的观点提供证据,那么他也提出了大量的所谓证据,却都不能得到证实,因为在他的观点中充满了想象的成分。近来有学者从阿拉伯和葡萄牙的史料出发,说明孟席斯说的海图并不存在,并且对郑和下西洋所到的比剌和孙剌地点,进行了再次探讨,认为下西洋终点是在莫桑比克和索发拉,也就是东非海岸。这一研究对孟席斯提出的观点,做出了回应。

但是，孟席斯也使我们有了更多的思考。明朝派郑和下西洋的初衷是“招来远人朝贡”，那么远至何处？有无终极目标？明宣德皇帝有诗云“朝廷怀远须均及，使者敷恩合徧过，莫惮驱驰向辽远，张骞犹说到天河”，从明朝皇帝的大一统天下观看，郑和船队“怀远”的航行并无终极目标，既是携带海图向既定目标的航行，也是向未知目标的探险航行。

## 四、人类发展史上的两种航海模式的问题

核对中西历史记载，不难发现，撇开西方先进的光环，东西方的航海同样是国家行为，从统治者对世界的好奇心和对异域物品的寻求来看，航行也并无本质区别，区别就在于有无海外领土的占有欲，并将这种占有欲与后来发生的资本主义联系了起来。15世纪东西方向海洋的探索，都与移民开发相联系，不过方式大不相同，一个是和平的，另一个是暴力的。

东西方的航海是在完全不同的历史背景和地理条件下进行的各具特色的航海活动，但同样是人类走向海洋的大无畏探索和开拓行为。美国学者王国斌提出，中西比较应有双向的评价标准。这意味着平等的比较和客观的评价。东西方自古所走的是不同的发展道路，这一历史事实在15世纪通过航海而凸显了出来：存在两种航海模式。从双方的角度来考虑和比较，以双向的标准来评价，才能避免失之偏颇。

东西方航海遥相呼应，是人类历史发展不断扩大交往过程中的重大事件，对于促进东西方汇合发挥了积极的历史作用。虽然双方背景不同、条件不同，但是人类为了认识外界而走向海洋的愿望是相同的，这是人类进步的必由之路。东西方航海模式存在共性：同是人类通过海洋认识外界、走向世界的过程。郑和时代的中国是世界上最先进的国家之一，客观评价郑和航海的历史意义，就会认识到在西方的航海之外，存在另一种模式的航海，另一种古代国际关系的模式。换句话说，15世纪存在两种海洋开拓模式以及与之相联系的人类交往模式。中国航海的和平稳定发展模式，与西方的暴力掠夺发展模式形成了鲜明的对比，这是我们从东西方航海比较中得出的合乎逻辑的结论。

郑和所代表的具有自身鲜明特色的东方航海活动，是一种开

拓精神的产物，无论从目的、性质和后果来看，都是毫不逊色于西方的。客观地比较，而不是时间错位地将 18 世纪中叶以后的欧洲经验和观念置于 15—16 世纪东方历史场景中，15 世纪这一海洋的世纪，包含了东西方向海洋的开拓历程，出现了两种航海模式，都为人类发展史作出了重要贡献。正是东西方向海洋的不断探索，最终使人类汇合在一个整体世界之中。

最后，郑和研究已经突破了国界，走向了世界，不仅是中国史上的重大课题，也是世界史乃至人类发展史上的重大课题。郑和下西洋是中外关系史的重要组成部分，中外关系史的特征就在于一半是中国史，一半是世界史，因此我们的研究要走向世界，是很正常的。明代中国的世界形象，是在下西洋范例中对照出来，得到了世界的公认。郑和航海所体现的和平秩序与合作发展的主题，不正是我们今天国际社会所需要的吗？就此意义上说，我们对郑和的纪念，具有寻求世界和平与发展的重要现实意义。

马一虹

# 东来的和尚——日本遣唐使时期来华的僧侣与中日文化交流

马一虹，副研究员。黑龙江省依安人。1965年9月出生于辽宁省沈阳市。1986年毕业于辽宁大学历史系，获学士学位。同年考入本校研究生部世界地区史国别史专业，主修近世日本对外关系史，1989年获硕士学位。同年留校进入日本研究所历史研究室，主要从事中日关系史研究。1992年起转入古代史研究。1996年4月起进入日本国学院大学大学院攻读博士学位，主修古代东亚史。2000年3月毕业，获历史学博士学位。同年3月至8月为国学院大学大学院特别研究员。2000年8月进入中国社会科学院历史研究所中外关系史研究室博士后流动站。2002年6月出站后，就职于中国社会科学院历史研究所中外关系史研究室。现任中国中外关系史学会副秘书长。研究方向：古代对外关系史、古代东北亚史。主要研究成果，著作有《渤海国与东亚细亚》（合著），论文有《渤日通交在唐代中日友好交流史上的地位》、《渤日通交的历史条件》等。

630年，日本派出了最初的遣唐使，到838年实际上的最后一批遣唐使，200余年间，共派出留学生26人，留学僧（包括请益僧等在内）96人，僧侣占了绝对多数。派遣唐使，是当时日本的一项基本国策，日本朝廷派出遣唐使的目的之一在于试图获得与当时东亚诸国对等交涉的地位，换言之即谋求提高日本的国际地位。作为其具体内容之一，日本朝廷积极致力于唐朝文化的吸收与移植，这些先进的文物制度对日本的国都建设、律令制度的整备乃至灿烂的天平文化的诞生都有着巨大的贡献，以至有日本学者认为，日本文化是由于佛教之由中国传入而渐趋兴盛的。尽管这种看法被另一些学者指责言过其实，但至少说明佛教传入日本对日本文化的影响之大。



我想通过追寻那些曾经活跃于中日佛教舞台，大而言之，即中日文化交流史上的日本僧侣的足迹，从历史学的角度回顾汉传佛教在东亚文化圈形成和发展的轨迹，展现同时期中日文化交流的盛况、汉译佛教日本化的过程及民族、时代精神；多层次、多角度地探讨中日文化交流、特别是日本对中国文化的摄取对日本民族的精神、思想等方面的影响。我相信，如果少了这些具有高度宗教使命感而舍生忘死的弘法僧人，所谓遣唐使时代，绝不会像我们已经了解的那样，会产生如此广泛而深刻的影响，特别是对于日本吸收中国古典这一方面而言。但是显然，仅仅用舍生忘死来概括他们的行为，是远远不够的，甚至可以说是短视的、浅薄的。事实上，至少在唐代，僧侣们所起的作用，远远超越了他们的身份本身赋予他们的在佛教界的使命，他们在政治、经济、外交活动中发挥了极其重要的作用，特别是唐以前，或者说在东亚文化交流潮流形成之前和之初。应该说，这也是我此次选择僧侣的活动和影响为主题的缘故之一。相信因为有着这样一个深层的意义在里面，这个主题得以升华。因此，第一个问题，就从古代东亚史上的佛教外交说起。

首先更正一个概念。可能因为一些著述的缘故，一说到遣唐使，人们很自然地就把这个名词与日本联系到一起，仿佛"遣唐使"乃日本的专利。实际上，遣唐使这个词本来是泛指唐朝时期世界各国派往中国的使节，即是个泛称，但是长时间以来仿佛成了日本向唐朝派出使节团以及文化交流政治活动的专有名词了。好在这种情况最近几年在中日两国学术界逐渐得到纠正。但是换一个角度看，这种现象本身则强有力地说明了中华文化对日本的巨大影响，来自于这个时期丰富多彩的、吸取中国先进文物制度，以及被日本消化吸收形成并保留至今的灿烂的唐风文化，使"遣唐使"已经泛化为一种日本对先进的中国文化的认知与吸收的代名词。

## 一、汉译佛教的东传日本与古代东亚史上的佛教外交

作为文化人的僧侣——从汉字与佛教传入日本说起。

在此前，又需要将佛教传入中国的情况作一个简要回顾。佛教传入中国大约在公元前后两汉之际。由于传入的时间、途径、地区和民族背景的不同，在中国先后形成汉传佛教、藏传佛教(7—9世纪)和云南地区的上座部佛教(7 世纪中叶，缅甸)。到魏晋南北朝时期，融入民间；伴随着佛教的本土化，到隋唐时期，佛教本身又形成了众多宗派，有些是印度原来的佛教里面所没有的，如天台宗、华严宗、禅宗、净土宗、唯识宗、三论宗、密宗、律宗等所谓隋唐佛教的八大宗派，并且一步一步发展成为中国传统文化的一个重要有机的组成部分。这些宗派在其发展过程中都有消长。宋代以后，主要是禅宗的思想最为流行，它和净土宗的思想相结合，形成了禅净双修，并一直延续到现在。



据中国正史中最早明示日本佛教的《隋书·倭国传》："敬佛法，于百济求得佛经，始有文字。"根据这段记载可知，其一，日本传入佛教，源自百济，这与《日本书纪》的记载基本相同；显然，中国史籍的这段记载当是史家根据日本使节在隋朝所作的国情介绍所作。其二，佛教传入日本与汉字传入在同一时期。

另据日本史籍记载，日本使用汉字，始于百济的王仁携《论语》和《千字文》到日本担任王子的师傅一事，这件事发生在5 世纪前半叶。《宋书·倭国传》收录了倭王武在顺帝昇明二年(478)的上表，表文为骈体，可证明5 世纪时日本已经使用汉字。

既然汉字并非隋朝时才传入日本，则可知，《隋书·倭国传》有关日本佛教的记事，也未必是隋朝的事。换言之，佛教传入日本，应该在中国的南北朝时期。

日本学界将统治阶层所认可的佛教正式传入称为"公传"。迄今为止，一般认为，佛教是由百济圣明王派遣使者传入，具体时间有两种说法，一是552年说，一是538年说。不管哪一种说法更接近真实，可以肯定的是，在6世纪中叶，佛教开始引起日本统治层的关注。这里所说的是官方对于佛教的接受，并不绝对意味着民间也迟至6世纪中叶方才了解与接受佛教。而佛教传入日本，是与当时东亚各国间往来密切相关的。

这里所说的东亚诸国，主要指中国东北、朝鲜半岛诸国和日本。最早将汉传佛教带入本国的是高句丽。据《海东高僧传》和《三国遗事》等典籍记载，高句丽小兽林王二年(公元372年，东晋咸安二年)夏六月，"秦王苻坚遣使及浮屠顺道，送佛像、经文。王遣使回谢，以贡方物，立太学，教育子弟"。这是现存史料所见佛教传入高句丽最早的记录。两年后，"始创肖门寺，以置顺道"，佛教由此在高句丽勃兴。



前秦为五胡十六国中的强国，苻坚笃信佛教，370年，苻坚灭燕，为感谢高句丽前故国原王曾派兵协助灭燕，作为恩赏将佛像送与高句丽。可见，在这里，佛教一开始便成为宗主国与臣属国之间的政治、外交工具。这种情况不仅仅限于高句丽，应该说，在东亚，佛教一开始就不仅仅作为单纯的文化意义上的现象，而是和当国的政治生活紧密联系在一起的。

前秦佛教即北朝佛教进入高句丽，再进入新罗(新罗比较晚，也在6世纪上半叶由国家大力弘扬佛教)；南朝佛教则传入百济，又在180年后由百济东传日本。

百济枕流王元年(384)，"胡僧"(印度或西域的僧人)摩罗难陀由东晋国都建康前往百济国都汉山(今首尔)。东晋是中国佛教史上一个重要时期，江西庐山有道安弟子、净土宗始祖慧远止住东林寺，结念佛莲社；建康则有法显、佛陀跋陀罗(觉贤)等高僧云集，举扬佛法。

摩罗难陀到达百济后，受到国王厚礼相待。第二年在汉山创建了寺院，传说还剃度了十名僧人。1971年在百济第二国都熊津(今公州)出土的武宁王(501—523年在位，是将佛教传入日本的圣明王之父)及王妃陵墓出土的莲花形遗物,都证明此时已经存在佛教。

早在4世纪,日本就与上述三国有着密切的来往。在这样一种情况下,从4世纪后期到6世纪中叶的百余年间,佛教完全有可能通过民间渠道渗透到日本;而且,实际上早在3世纪,中国的佛像就已经通过南朝的匠人从江南直接带入日本。这里最有说服力的事实就是三角缘佛兽镜。也就是说,在6世纪中叶以前,佛教曾经以多种形式反复多次地进入过日本,当然主要保存在大陆移民社会之中,特别是来自江南的移民。在日本,早期积极从事传播佛教活动的,均为中国和三韩的移民。进入7世纪后,最高统治者天皇也崇信佛教,使佛教成为居于主导地位的意识形态。而在天皇和中央贵族身边积极推动佛教传播事业的,仍主要是大陆移民及其后裔。

从上述情况看,日本的大陆移民是佛教传播的重要基础。在移民社会里,早就在相当程度上存在着佛教信仰。从移民的成分和百济的影响等方面分析其源流,则早期的佛教受南朝—百济—日本的传播路线的影响当为最大。



同时,我们不难看到,佛教从一开始传入日本,就显现出浓重的政治色彩。前面谈到的关于佛教传入日本之始时间上的争论,也不仅仅是佛教界内部的类似我们今天学术讨论之类的问题,争论的背后,实际上包含了宫廷内乱、天皇与把持朝政大权的臣子间的政治斗争,以及教团之间的矛盾,可谓错综复杂。

这种政治意义不仅反映在日本国内,而且,佛教作为一种政治活动,还在东亚各国外交往来中扮演了重要角色。

佛教在东亚有着特殊意义,在某种意义上说,东亚国家间最早的外交活动,就是以佛教活动为支点,以僧侣活动为中心展开的。这种现象与佛教在东亚早期传播过程中的实用主义特点密切相关。换言之,早期佛教传播过程中有着明显的功利性政治目的。前面谈到的佛教初传高句丽,虽然国家的着眼点在于现世"求福"等功利性目的;但其本源则是来自前秦与高句丽之间的政治互惠:高句丽王以执燕太傅向前秦示好,前秦则以传播佛教输出文化相怀柔。百济的情况也有相似之处,百济高调欢迎一名东晋僧人的到来,并非平常事情,高句丽由北朝引进佛教,百济即从南朝的东晋输入,以示对抗。日本国家佛教的兴起,直接地刺激来自百济圣明王送来佛像经论,百济是以佛教的输出来换取日本对其与高句丽作战的支援,即同样具有政治目的。一个毋庸置疑的结论是,东亚国家佛教的传播,无不具有强烈的政治目的,而其兴盛同样处于镇护国家等现世利益的考虑。

中国的隋唐时代,佛教在中日两国交往中始终占有重要的地位。就日本的遣隋使而言,沙门所占比例相当之大,已经没有任何疑问。就日本而言,遣隋使是在国家的主持下进行的,佛教交流是遣隋使的一个重要使命。实际上,唐以后,僧人所占的比例还要更高一些。但是我这样说,并无意强调佛教乃至文化交流是隋日交往的基本性质,隋朝与其后的唐朝在对待佛教和利用佛教政策方面,有着近乎本质的不同。就隋日关系而言,隋朝不会允许日本脱离国家间政治关系问题而与之展开单纯意义上的佛教交流;而在日本,又与圣德太子以及当时日本的政治形势有关。

圣德太子主政时,日本朝廷内部正是危机四伏之际。权臣苏我氏挟天子以令诸侯,地位举足轻重,甚至指使人谋害崇峻天皇。在此形势下,圣德太子只能谋求逐步提高天皇的政治权威,建立统一的国家意识形态,最终实现天皇主政的中央集权目标。他选择迂回的策略,利用苏我氏对佛教的热衷(如奈良市高市郡明日香村飞鸟寺,是596年由苏我氏所建的日本第一座佛教伽蓝),也积极推进佛教传播事业。因此,圣德太子崇佛,取其镇护国家的现世功利,指定所谓“十七条宪法”,内容亦儒亦释,归根到底,无非是借重佛教确立君臣之道。他急于从隋朝引入佛教,也是企图用神权来伸张皇权,在更大意义上当属一种政治行为,与后来日本从唐朝吸收佛教的情形完全不可同日而语。



## 二、遣唐使时期——东来的和尚

日本佛教是在中国和朝鲜半岛佛教的不断刺激、影响下逐步发展起来的。到了7世纪上半叶,王权与佛教的结合有了新的发展。639年,舒明天皇在飞鸟的百济河畔建立了皇家寺院(大安寺)。佛教公传以来近一个世纪,经历了种种波折,终于获得了大和朝廷的认可,佛教开始成为日本的治国方策之一。佛教诸宗学问的整备则是在8世纪以后。早期从朝鲜半岛片段地传入的佛教的学问,及至7世纪下半期中叶得以从中国直接传入,而这其中发挥了重要作用的，就是最初被派往隋、唐的使节特别是僧侣们。他们在研究最新佛教的同时，携回大量经典及佛具，使日本佛教在内容和形式上都无不打上中国的烙印。

入唐求法的僧侣大体分为留学僧和学问僧（也称请益僧）两种。留学僧，和我们通常说的留学生身份、地位相差无几，年龄与身份都比较低；而学问僧则指那些佛学已有一定造诣，入唐只为解决一些具体的疑难问题者（“请益”本是禅用语，是说法之外就某些问题特别向法师请求教示之意）。另外，两者在留学时间上也有区别，留学僧的滞留时间比较长，一般情况下要在 20 年左右，而学问僧由于急需解决一些本国佛教界的具体问题而入唐，一般时间很短。往往可以与使节船同时归国。但是也不是绝对的。这其中既有短期即归国的留学僧，也有长期滞留唐土达几十年的学问僧。

**1. 最初渡唐的僧侣们**

7 世纪初，隋灭唐兴。有唐一代，更加完善了北朝以来建立、发展起来的律令制度，以此为基础形成了统一、强大的中央集权律令国家。



在隋、唐两朝生活了将近 31 年的学问僧惠隐，曾于舒明朝廷进讲《无量寿经》，学问僧旻、惠隐等对舒明朝的佛教引进作出了重要贡献。640 年，学问僧南渊汉人请安最后一批与新罗使节一同回到日本。5 年后，中大兄等发动政变，推翻了专权长达三个世纪的苏我氏，推行历史上著名的“大化改新”。佛教，作为改新政府的精神支柱之一，被纳入到了国家律令管理体制中。孝德天皇颁布了兴隆佛法的诏书。而留唐学问僧在这个历史兴替过程中发挥了重要作用。

“大化改新”后，律令制度确立，各地氏族随意建造佛寺的状况，一变而为天皇国家权力下的“国家佛教”占绝对统治地位。此后，佛事法会与神祇并行，出现于宫廷的宗教祭祀仪式中。齐明天皇时（7 世纪 50—60 年代），由于朝鲜半岛局势紧张，天皇曾经在宫中设百余座，迎请百僧入宫奉修“仁王会”（即仁王般若会，是讲读“仁王般若经”祈祷禳灾延福、镇护国家的法会，唐代盛行），以祈求防御外敌，镇护国家。70 年代以后，国家对僧尼及全国寺院管理、统治进一步强化。684 年，朝廷统一任命“僧正”、“僧都”、“律师”，确立了有别于大唐的俗官管理的中央僧官僧纲制度。制定、颁布了有关僧尼宗教活动及日常礼仪、服饰等详细法规。两年后，通令全国置佛舍，供奉佛像、经典礼佛。正式进入律令国家佛教发展阶段。

在这个背景下，日本佛教追随汉译佛教，进入了崭新的发展阶段。此后，佛教在日本国内和对外交往中的政治色彩逐渐淡化，文化色彩日益浓重。

**2. 遣唐使时代渡唐的僧侣们**

当然，日本佛教的繁荣，不仅仅是本国僧侣自身努力的结果，还与东亚各国，特别是中国佛教界的支持分不开的，例如众所周知的鉴真大师。但是我在这里要说的不是鉴真大师本人，而是为延请鉴真大师而舍生忘死的日本僧侣们。

1980 年日本东宝映画株式会社拍摄了一部电影《天平之甍》，反映的是 732 年日本第九次遣唐使团中普照、荣睿、玄朗、戒融等四名僧侣的入唐经历，及伴同高僧鉴真历经 20 年的漂流过海的伟大而艰辛的旅程。鉴真大师终于在荣睿等渡唐 20 年、自己舍身渡海 6 次之后到达了日都奈良。这其中还有叫做业行的僧侣，所乘第一船遇险，为救人命，大量经书被投掷海中，业行自己也纵身跳海，与那些经书同在。这四名僧侣没有像下述最澄或空海及圆仁等那样成为“大师”，但是他们为佛教发展所做的功绩同样不可磨灭。



初唐时期著名的入唐僧可举道昭、玄昉、道慈等。道昭（629—700），元兴寺僧，白雉四年（653）奉敕入唐求法，投师法相宗始祖玄奘门下秉受法相唯识教义，7 年后归国，在元兴寺弘传法相教学。玄昉，天平时期的入唐僧侣，8 世纪初入唐，将法相宗传入日本，法相宗后来取代三论宗成为日本古代佛教的主导学说。道慈，生于大和国添下郡，曾负责营造大安寺伽蓝工程。大宝二年（702）搭遣唐使船入唐，之后在长安的西明寺滞留 16 年之久，养老二年（718）归国。在唐期间他广涉经典，钻研积累，得到过唐朝皇帝的特别嘉奖。精通三论。带回了《金光明最胜王经》。703 年，智凤、智鸾、智雄等分别奉敕入唐，从玄奘最得意弟子窥基的弟子秉受法相宗真髓。

经过盛唐文化洗礼的日本佛教界，以唐代崭新的佛教教学倾向、水平为目标，以律令政府的公认教团南都六宗（亦即所谓南都佛教）的形成为标志，自上而下的佛教界的整顿和改革至奈良时代末延历年间宣告完成。这个时期的代表性人物,即所谓“入唐八家”。这其中最为著名的,有最澄、空海、圆仁、圆珍等。

最澄,生于近江国(今滋贺县),俗名三津首广野。14 岁入国分寺得度改名最澄。19 岁在东大寺受具足戒,同年入比叡山作山林修行。后被选入唐求法还学生(短期留学生)。804 年 7 月携充当翻译的弟子义真自九州出发,9 月到达明州(今宁波),次年 5 月随遣唐使归国,在唐土滞留期间抄写各类经典 230 部 460 卷。中国天台宗著作早在鉴真东渡时已经带到日本,鉴真与弟子思托等都精通天台宗教理,曾在传律之余向日僧讲授天台宗,但他们的讲授没有人继承下来。最澄登天台山,从湛然弟子、天台宗中兴之祖道邃学止观法门,从行满学天台教义受大乘菩萨戒,从翛然习禅,从顺晓承袭密教。回国后在朝廷的支持下创立日本天台宗,于京都比叡山建立传法中心。最澄在唐接受了律宗、牛头禅和密宗的传法,所以把自已所创立的天台宗作为“圆、密、禅、戒”四种并传的教派。但是,作为日本的天台宗最突出的特色,是把天台宗与密教结合,以对抗奈良旧佛教。可见,在最澄时,佛教在日本还没有褪尽作为宫廷斗争工具的色彩。天台宗是日本佛教的核心,由最澄创立的天台宗乃是在中国天台宗的直接影响下成立的。



空海,俗姓佐伯,赞歧国(今香川县)多度郡人。幼年私习中国古典,18 岁进京入大学寮学习《毛诗》、《尚书》、《左氏春秋》等。空海在读书时就对佛教发生了浓厚的兴趣。并入山林修诸种苦行。804 年(唐德宗贞元二十年)8 月,他 31 岁时和最澄作为留学生随使团泛海入唐,到达福州长溪县(今霞浦北)赤岸镇。过杭州,在苏州郊外寒山寺等地停留后前往长安。空海到长安后先与遣唐使住在官舍,使团归国后又奉敕移住西明寺。他到处寻访名师,后投到青龙寺僧、密教七祖之一惠果的门下。惠果年事已高,但对空海给予了特别的关照。空海接受灌顶时,惠果尽赠密教典籍图像曼荼罗和各种法器,并表示“如今此土缘尽,不能久住,宜此两部大曼荼罗,一百余部金刚乘法及三藏转付之物并供养具等,请归本乡流转海内”。空海留学的目的是学习密教。中国密教有两支,汉传密教盛行于唐中期,唐末渐衰。密教在奈良时代断片地传入日本,当时正值密教的全盛期。空海 806 年末离开唐朝归国。812 年 11 月在高雄山新立门派,空海名声日高。

816 年 7 月由天皇赐予高野山为真言密教的修行道场。833 年，嵯峨天皇把位于京都的东寺赐给空海作为真言宗的根本道场，空海把从唐朝带回的佛舍利、曼荼罗、法具等都存于此处，后仿照长安青龙寺称之为"教王护国寺"。后又奏请在皇宫中仿照唐朝内道场设真言院，每年要在宫中举行为天皇安康和国家太平而进行祈祷的法会。此后真言宗作为独立的宗派活跃于日本佛教界。

在本文涉及的时代里，日本佛教界主要是以最澄和空海为中心，天台宗与真言宗确立和发展的时代。两位核心式人物均为留学唐朝的高僧。可见唐朝汉传佛教文化对日本的影响之一斑。继最澄和空海之后，入唐求法僧中最有影响者乃是天台宗大师圆仁，所谓有影响并不仅仅限于佛教界本身。后文将专门谈及。

圆珍，是空海之侄，15 岁时伴随天台宗僧叔父仁德入比叡山投座主、当年随同最澄入唐的义真门下，12 年安居山中不出苦事修行。曾梦见山王明神劝其入唐，于是在 853 年（日本仁寿三年、唐大中七年）搭乘唐商人船入唐，在福州上岸。经温州入台州，过当年最澄受教的开元寺到天台山国清寺，855 年到达长安。入青龙寺从法全学习胎藏界、金刚界之法等。归途中，在越州（今绍兴）开元寺僧赠《法华玄义》等书，圆珍对《大日经疏》作了校勘。858 年返回日本。圆珍继圆仁之后出任天台宗座主，去世后朝廷追谥智证大师。

前文提到随最澄入唐的义真，乃天台宗初代座主。在天台山国清寺、台州的龙兴寺学习。最澄临死将天台宗托付给义真。学问僧中，也有不止一次渡唐的。如慧萼就曾三次往返于日唐之间。841 年慧萼初次渡唐并登上五台山。日本文德天皇齐衡初（854 年），慧萼奉皇太后之命入唐，请得禅宗南宗齐安禅师的弟子义空东渡日本，建禅林寺。第三次则是陪同真如法亲王入唐。与圆仁同时入唐的圆载，得到了唐朝许可前往天台山，在唐朝兼受显密之学。在日本真如亲王入唐之际，曾为他获得唐朝廷的许可而多方奔走。877 年携带数千卷书籍归国，途中船沉遇难。



## 三、一个重要的个案——圆仁入唐求法与《入唐求法巡礼行记》

在考察日本僧侣对中国的贡献时，一个不可绕过的话题就是随最后一批遣唐使入唐的僧侣圆仁及他的《入唐求法巡礼行记》。

圆仁，慈觉大师，俗姓壬生氏，生于今枥木县。15岁登比叡山师从最澄，23岁受戒。838年，他45岁时，随日本最后一批遣唐使团入唐，在遣唐使完成使命返国之际，圆仁以入天台山求法使命未遂，携弟子唯正、唯晓及傔从丁雄万（一说满）脱离使团，欲独赴天台山求法。从扬州起便"苦设留却之谋"，但直到去了山东赤山法华院，才得以实现。在那里，圆仁听从当地僧人劝告，改投五台山巡礼。到次年（840年）四月十一日离开山东去五台山之前，圆仁在山东停留了一年时间。圆仁由五台山辗转到长安，在那里滞留5年，遭遇"会昌法难"（842—846年），被迫还俗回国。他本打算从楚州过海回日本，但当地县司要求其必须到登州地极之处，方可上船归国。无奈，圆仁只好再度跋涉山水，回到山东登州（今蓬莱）。到唐大中二年（847）九月二日归国。之后对《金刚顶经》、《苏悉地经》等作了注释。由此天台密教所依据的典籍都有了注释。他又对最澄的戒律思想做了补充，还有其他许多著述。由于杰出的业绩被授予僧之最高位的"传灯大法师位"、天台宗第三代座主。圆仁为比叡山的密教奠定了基础，建立了基于五台山法照的念佛法门的常行三昧念佛法。



圆仁在唐土9年，留下了一部旅行记，这就是著名的《入唐求法巡礼行记》。美国前驻日本大使赖肖尔博士盛赞《巡礼行记》堪与玄奘的《大唐西域记》和马可·波罗的《马可·波罗游记》相比肩；而且，赖肖尔进一步评价说："圆仁的旅行记与马可·波罗的旅行记有着本质的不同：圆仁能从内部观察中国的生活，而马可·波罗只不过是从外部眺望罢了。"《巡礼行记》中，圆仁如实记录了当时中国五台山、长安佛教界的情况，特别是作为记载会昌法难时毁佛实况的文献，具有重要史料价值。此外，在这9年又7个月里，他有3年多时间是在今山东登州地区度过的。在《行记》里，圆仁亲眼见证了登州作为一个唐代对外关系窗口的实态，目睹了在唐新罗人的活动，唐代中、日、韩三国在山东地区的文化交流活动情况，唐地方官署对新罗、渤海使者的安排、管理等政策的具体运作；对唐朝后期的地方管理体制，从当地民俗、物价、生活方式、接人待物方式到行路里程、烽侯制度等，都有详细描述，使得中国正史中所缺失的地方史、区域史有了极大的资料方面的鲜活的、丰富的补白。

正因为如此,《巡礼行记》一直受到海内外唐史研究者的推重。近年主要依据《巡礼行记》进行的研究和对《巡礼行记》本身的研究,都是成果迭出。据我所知,在日本,至少有两所大学的研究生院将《巡礼行记》作为东亚史研究的基本教科书,连续多年进行释读和研究,并且颇有成果。2003 年起,日本国学院大学得到文部省 21 世纪重点研究项目资金的资助,项目内容就是《巡礼行记》所反映的唐代山东地区异文化交流。以下是我们两次调查时所获资料,供参考。

调查路径。第一次调查路线主要是以圆仁长期滞留过的赤山法华院为中心。向北经过荣成、烟台,到达蓬莱即唐代专门负责接待日本和新罗、渤海使节的登州都督府所在地。在这些地方,我们依靠《行记》记述与当地的乡土资料及文博工作者的研究,找到了法华院址,和与圆仁有关的遗址若干处。我们沿着圆仁当年走过的路,所不同的是,千余年以前,圆仁是用自己的双脚丈量着,踏过荆棘丛生的小路,和今天看来并不宽敞的官道,还有已经破废了的烽火台。在蓬莱的古登州博物馆,我们看到蓬莱附近安香村出土的隋唐时代的汉白玉佛像、开元寺遗址、登州都督府旧址、当时安置日本使僧、新罗使僧和渤海使的客馆,圆仁在这里记作"新罗馆"、"渤海馆"。



第二次调查的路线主要是从赤山法华院出发向西至青岛间。20 世纪 20 年代,1923 年,日人大宫权平和松穆堂在青岛立下"慈觉大师山东遍路图碑"。图中在山东半岛东南端标有"石岛"处,划有圆仁多次往返的路线。在石岛北面注有"赤山"字样。图中辅以文字,赞扬了圆仁入唐之壮举,备述其三历赤山浦的艰辛。

## 四、汉译佛教的日本化及其特点

学界多数观点认为,佛教最后扎根于日本,是在中世镰仓时代(11—13 世纪)以后,这种说法最为流行。彼时,兴起了法然、亲鸾等人的净土宗,荣西、道元等的禅宗和日莲的法华信仰等新的佛教运动。较之于以前的佛教诸宗派,他们的活动被称为"镰仓新佛教"。但实际上,佛教思想的日本化大体早在平安时代已经开始,特别是在平安初期,已为以后的日本佛教奠定了思想基础。在这方面发挥重要作用的是平安初期的天台宗,是最澄、圆仁、圆珍等人;而在日本佛教界及民众中影响至深的思想,无不是来源于曾经舍生忘死渡唐的僧侣们。说中华文化哺育了日本文化,丝毫不为过的。

概括起来,佛教从印度传到中国,再从中国汉译佛教传到日本,都经过漫长的民族化即本土化过程,都与两国传统文化思想和习俗相结合而演变为本民族的宗教之一。尽管日本佛教的母体是中国佛教即汉译佛教,但两国的本土化的佛教还是有着各自的特点。

中国佛教。由于中国一直存在着强大的封建君主专制主义中央集权统治,儒家一直占据着文化思想的支配地位,因而佛教始终由国家各级政府直接管辖,各宗组织松散,基本上没有固定的中心寺院和大量的土地,也未曾拥有众多的形成过独立力量的僧兵武装。反映在思想上则是僧俗信徒的宗派意识比较淡薄。各宗和寺院受宗法制度的影响,建立了师徒间的嗣法和等级制度。依据大乘佛教的"真俗不二"、"烦恼即菩提"的理论,主张出世不离世间,生活日用即为佛道。在这方面禅宗最为突出。

日本佛教。首先,有着强烈的佛法护国观念。佛教传入日本后,天皇、贵族认为信奉佛教即可以"镇护国家",重视借助佛法祈祷现实功德利益。从奈良佛教到平安、镰仓各宗,都把"镇护国家"、"积福灭灾"作为自己的职责,主张佛教与国家密切结合。其次是鲜明的宗派意识。日本各宗在古代不仅具有自己的判教理论,而且有严格的宗祖传承世系、传法中心和组织系统、世袭的土地财产。本讲座涉及的时代还相对宽松,在这之后一些大的寺院还有自己的僧兵。再次是比较突出的世俗化倾向。奈良和平安前期(本题所涉及的时代),朝廷颁布《僧尼令》,在中央和地方设立僧官机构,以加强对僧尼的管理。但之后随着中央集权的衰微和律令制的破坏,已失去统一管理僧尼的能力。佛教界戒律松弛,镰仓新佛教一般不强调固守传统戒律,僧侣过着非僧非俗的生活。最后是神佛同体和一致论思想。因为佛教传入时日本神道在各方面还不大成熟,因而被佛教方面以"神佛会通"和"本地垂迹"的理论纳入佛教的体系之中,认为佛是日本原有神灵的本体,而日本神灵是佛、菩萨的化身,是佛教的保护神。在神社建立神宫寺,由佛僧管理神社,并按照佛教仪式举行祭祀和法事活动。

现实生活中,直到近代,“神佛分离”才完成。

## 五、东来的和尚——文化传播的使者

第一,是日本对中国文化的摄取,这是最主要的方面。

众所周知,唐朝是个开放的时代,全方位吸收外来文明,盛唐文化本身也高居东亚文明之巅。“大化改新”后,日本全方位学习中国的文物制度,逐步确立了一套日本式的中央集权政治体制。这其中自然有遣唐使团中世俗官吏的巨大功绩;但是如果说“国家佛教”同等作为王权强化的重要手段,是中央集权政治的重要组成部分,入唐僧侣在与佛教相关事务方面所做的更为艰辛的努力,他们的贡献同样不可埋没。空海计划在唐停留20年,实际上2年尚不足。其急于回国的一大原因,很可能是受恩师惠果之遗嘱,早日在故国传播真言宗。这一推测由其在埋葬恩师仅一个月后即离开长安这一事实,也可以得到强有力的支持。

而且,他们在文化方面也有更大贡献。在遣唐使之前的遣隋使时期,目的之一就是访购书籍。遣唐使同样热衷于购求书籍,而在其中,入唐僧侣们才是将大量汉籍带到日本的最主要力量。中国史籍中入唐僧求内外经教及传戒的记载屡见不鲜。由此看来,当时随遣唐使入唐的留学僧、请益僧等,均负有收集儒学书和佛书的使命与义务。巡礼中国的域外僧人,主要以抄写经疏为主;大凡佛教僧侣入唐留学归国之际,都要请回相当数量的佛典,有时也包含外典汉籍。他们回国后一般要向朝廷提交一份携回的佛典、图、佛具等物品的总目。较之留学生带回的书籍,僧侣们赍归的典籍可谓惊人。



前述道昭在唐师从玄奘学习法相宗,归国之际,玄奘“以所持舍利、论经咸授和尚”。道昭归国后创建禅院,史籍载“此院多有经论,书迹楷好,并不错误,皆和尚之所将来者”。2001年10月,第53届“正仓院展”在奈良展出期间,展品《成唯识论》卷四的卷末处发现有“显庆四年润十月廿七日”墨书文字。经查,《成唯识论》共10卷,系玄奘西去求法携回之佛经,该经唐显庆四年(659)闰十月开译,同年十二月完成,玄奘弟子窥基担任记录。“显庆四年润十月廿七日”之书显示的是该卷译完的时间,按照一般程序,这之后再经润文、缮写之后呈送朝廷。现藏正仓院的这部《成唯识论》卷第四,经核实,其纪年墨书与经文出自同一人之手,因此推测很可能是未经润文、缮写的窥基的手稿;再进而推之,这部《成唯识论》有可能乃道昭归国时玄奘所赠。此事在中日佛教交流史上意义重大。正仓院所藏佛教书籍的"圣语藏",仅唐代写经就有221卷,《成唯识论》只是其中的一卷而已。

空海从唐朝带回新译佛经142部247卷,其中大部分是不空译的密教经典,还有梵字真言赞等42部44卷,佛菩萨图像曼荼罗和密教祖师画像10幅、法器9种、佛舍利、佛像等。他把从唐朝带回的书籍编成《御请来目录》。圆珍在唐四年有余,带回书籍441部1000卷,另有道具、法器等。

日本养老元年(717)至天平七年(735),有一位叫做玄昉的僧侣随遣唐使船入唐并滞留18年,他回国时,带回了5000余卷佛经,几乎把唐朝整个的《大藏经》都带到了日本。后来入唐的僧侣,特别是最澄和空海带回的经卷,在某种意义上说仅仅是在补玄昉之遗缺。前面谈到的"入唐八家"回国后均将抄归的书籍制成目录,这些抄归的汉籍目录合称《入唐八家请来目录》,总数达3500卷左右。仅仅圆仁《入唐新求圣教目录》就载录汉籍584部,计802卷,除去佛教的经论、章疏、记传和画像之外,还有《开元诗格》、《诗集》等文学作品。



奈良时代输入日本的经学书籍中,发现有《白虎通》、《三礼义宗》、《经典释文》等。唐初,孔颖达受太宗之命整理南朝讲经之书而编纂的《五经正义》一书也于8世纪初传到日本。

在文学方面,当时唐朝宫廷中流行的文学典籍基本都传到日本。我们在圆仁携回的书籍目录中,可以见到文学典籍在其中。

《通典》有云"大抵东夷书文并同华夏",这就是书籍流通给东亚诸国带来的文明盛况。而其中,入唐僧侣们的劳动功不可没。这些书籍经过传抄、翻刻,流布于世,对日本文化的发展产生了不可估量的巨大影响。而在此过程中学问僧所起的巨大作用,使得后世学者研究、编辑汉文化或汉籍东传历史时,都不能不专门开辟一栏加以介绍并高度评价。

因来华僧侣之手而使汉籍传入日本的进程,并没有因遣唐使的停派而终结,甚至到元代以后,这种格局也没有改变。比较典型的事例是宋代东大寺僧侣奝然和成寻二位入宋僧带回的大量佛教典籍与佛具。因为不在本题的时代范围之内,暂不作涉及。

第二，是日本对于中国的贡献。

前面我们说了许多日僧由唐土带回日本大量书籍，事实上，日本僧侣也有将日本的书籍，特别是中国已经亡佚了的书籍带到中国的情况。虽然在数量上远不能与他们从中国带回的图书可比，但从中土已经无存这个角度看，其作用不可谓小，其功绩不可谓不大。

奈良时代，圣德太子所著《圣鬘经义疏》曾传到唐，唐的天台宗僧侣明空专门著有《圣鬘经义疏私钞》一书。“入唐八家”之一最澄入唐时，带来了当时的皇太子（后来的平城天皇）所书写的金字“法华三部经”及《屈十大德疏》10卷、《本国大德诤论》2卷赠送天台山禅寺收藏，并赠送水晶念珠10贯、檀龛水天菩萨1躯。在天台山的禅林寺有日本留学僧所造的僧堂。在“会昌法难”中此堂遭到破坏，后来圆珍另在天台山国清寺建造传法院，即天台国清寺日本国大德僧院。圆珍到唐土时，特别携带了450卷经书；又用天皇赠予的砂金作为修理国清寺佛殿专用款。

由于“会昌法难”，佛堂遭到破坏，僧尼被迫还俗，经书被焚毁。经书丧失，使以后的佛学教义研究遇到不可克服的困难，宋代盛行的禅宗就标榜不立文字。经过唐末的混乱和五代的再次毁佛，佛教书籍损失惨重。以至五代十国时期，天台山所在的吴越国的国王为复兴天台宗，专门派使者到日本寻购佛书。这为后来汉籍的大规模回流开了先端。值得一提的是，至宋代，著名僧人成寻入宋之际，把《显密法门六百余卷目录表》，皇太后宫的《法华经》、《奝然日记》4卷和圆仁的《入唐求法巡礼行记》3卷等书，进献给北宋皇帝。这是后话。

中国古代典籍的回流。在日本保存有大量的输入汉籍，因为其中许多书在中国早已亡佚，故而日本保存的汉籍格外受到珍视，以至于出现了由日本向中国的“逆输出”这样一种特殊的文化现象。

僧侣融入唐人社会中。长期的留学生活，使得留唐僧人逐渐融入唐人社会。如第7次遣唐使学问僧弁正，在长安滞留期间与唐朝女性结婚并育有二子朝庆、朝元。弁正与朝庆都终于唐土，次子朝元大约于718年（日本养老二年）随遣唐使回到日本。因其精通汉语，又在730年（日本天平二年）3月，担任汉语翻译教授。733年（日本天平五年），作为第九次遣唐使判官入唐。玄宗以其父的缘故给予厚待。随第九次遣唐使入唐的玄朗,也在唐娶妻并带回日本。

## 六、结　语

日本遣唐使时代,指南针尚未应用于航海,大海浩瀚无垠,人们只能依日月判定方向;若遇阴雨天气,则方向全失,只能随风漂流,若触暗礁则无活路。此等僧人入唐,当非为名、利,完全出于纯粹的信仰。清和天皇年间,总持院一个叫济诠的高僧,心怀入唐之志面谒智证大师圆珍,问彼国风俗兼求学唐语,但遭到了大师的冷遇。事后大师对弟子们说,济诠只有才干而无坚定的信念。他并非为信仰而入唐,只是企图为自己扬名而已。实际上更多的僧侣还是如智证大师所言,超越名利欲,为信仰所激励。桑原隲藏曾经说过,在过去的千百年间,我国不仅在学问方面、艺术方面、宗教方面,一切的文化均由承袭中国而来。其中特别是佛教方面尤其大受裨益。这只要从入唐入宋者多为僧人一事就很容易理解。如此长久的恩德,当终有报还之日(《桑原隲藏全集》第一卷东洋史说苑,岩波书店,1968 年)。

胡素馨(Sarah E. Fraser)

# 夏吾才让、张大千和汉藏文化交流，1941—1943

胡素馨，加州大学伯克莱分校毕业。美国西北大学美术系主任，博士生导师。主要从事中国绘画史、亚洲佛教美术史的教学与研究。出版关于敦煌佛教考古的两部专著《唐宋敦煌壁画绘画过程》（英文版），论文集《佛教物质文化：唐宋寺院财富与供养》。

青海省安多地区(Amdo)的地方绘画正在经历再次复兴。从1958年初到“文化大革命”时期,青海东部的文化机构受到了毁灭性的损失。直到1990年的早期,私人和政府的资金才使寺院得以重建。热贡艺术的主要来源是在西宁塔尔寺到甘肃拉卜楞寺这两个有名的佛教寺院之间,大家一致公认是这样的:热贡艺术文化实践的复兴要早于20世纪。一般认为热贡绘画、雕塑和工艺传统至少上溯于18世纪前,具体地说是乾隆帝国时期修复瞿昙寺(瞿昙寺于明代建立)时期。而本文试图论证热贡艺术的传统与中古时期一脉相承。[①]热贡地区保存了许多西藏其他地区已消亡的工艺技术,画坊生产依然昌盛,并且留存了核心的传统特质,包括工具(画稿、粉本和框架)及技术(构图、根据网格度量图像、打底、描金)。师徒的传授关系长期延续,学徒通过描摹画稿和敷色掌握技艺。使图像产生意义的社会结构依然存在。画家及其家庭与当地寺院有着密切的关系,外行的画匠和僧人都可接受绘画训练,寺庙拥有图像志知识。通过绘画,热贡与整个地区的以及更广阔的藏族世界相连。画师与社会脉络紧密相联,此艺术环境是令人羡慕的。西藏地区的艺术和匠坊生产依赖于特定的地区、场所和过程,不易适应其他环境。因而热贡艺术在表现西藏珍贵艺术遗产中居于特殊地位。



然而,热贡地区的18世纪后艺术的实践以及当今艺术实践与古代有何联系?我们怎样可以把近代的安多地区的文化活动追溯到早期——从公元781年到9世纪晚期联系起来?在早期,在西藏东部(包括今青海和甘肃省)的文化中有着广泛的西藏文化元素,这样的关于西藏结构式的作品的例子很多:1. 781—848年间的敦煌帛画、印刷品、文书及石窟(第14、156、158、159、365窟等);2. 11世纪晚期至12世纪中期榆林第3、4、15、25窟;3. 蒙古供养人(1225—1250年)修建的敦煌465窟;4. 始建于14世纪晚期的壮观的瞿昙寺(Drostang Gompa)。但该地区自1400年到17世纪末至18世纪早期没有发现大量藏画遗存的例证,所以我们所面临的问题是,能否说明中古和现代的文化活动一脉相承,甚至说安多艺术的历史早于18世纪前[②]?本文通过比较性的分析中古和现代的绘画方法、工具、生产过程,论证这种关联是可能的。我们可以借用民族考古学的研究方法将有相似的文化空缺的文化传统建构起来,例如土耳其与墨西哥。安多艺术的区域历史值得作此种尝试[③]。民族考古学的核心基于此假设:如果过去和现在之间技术状况和地理区域是一致的,那么可以利用两个时期的物质文化材料建构历史的联系。本文基于笔者以往所发表的有关壁画技术的研究论文,但是在此,我将不阐述过往的工作[④]。相反的,笔者将着重于唐卡和绢画的研究。鉴于时间的限制,我在此仅提供一个大概的蓝图,并且省略那些关于印刷实践、设计、图画生产方面可以证明多方地域相互联系的大量例证。

本文的另一个目的是提供20世纪40年代艺术家间交流的大致情况,这种交流揭示着古代学习的情形。在1942年的冬天和1943年的夏天,安多绘画和寺庙还没有被毁坏,一位中国著名的画家,张大千(1899—1983)求助于热贡画师的帮助来重现中古敦煌佛教艺术的辉煌。1941年春他雇用了五名热贡塔尔寺的画师同赴敦煌,由此重现中古的传统之中。张大千的随员中,有一人为藏族画家夏吾才让(Shawo Tsering,1922—2004)。1988年中国政府授予他"中国工艺美术画师"的称号,直到他2004年1月去世之前,他和其子在同仁附近的五屯上庄设有画坊[⑤]。在一张照片中,经历了一生独特的艺术生涯的夏吾才让站在他的乡村画坊中,展示关于释迦牟尼的作品,描金是其画坊作品的典型风格。金线用于强调那些定义建筑表面的线条、衣饰和风景。一般说来这最后一道工序决定了作品的优劣。描金可以让唐卡增彩不少,因为一般艺术家把一半时间都耗费在描金上。笔者在1992—2003年间的8次考察中有大量机会目睹安多画坊生产的技艺[⑥]。笔者认为中古敦煌和现代安多在技术的延续性,以及地域上的相近性让我们可以把过去与现代间的密切联系建构起来。了解这些地区的历史情形尤为重要,因为它可以帮我们真正地更有创造性地了解这个地区的文化。1941—1943年张大千和夏吾才让的交流揭示了安多地区艺术的巨大变迁。这两位艺术家和其他四位来自热贡的画师临摹了数百张5世纪到13世纪间的敦煌壁画。在1949年之前,他们所采用的复制壁画的技术——让图案从墙壁上到纸张绢布上成为中国学者研究敦煌的重要基础，这一情形甚至延续到80年代。在这30年间，在政府支持下，艺术家们复制了上千张敦煌壁画，使1941—1943年的试验成为一项国家级的事业，因为复制佛教画像可以彰显民族自豪。“民俗”、“少数民族”的设计象征了无产阶级——用民间的感官来接受传统的文化，这样官方的文化就更世俗而且老百姓化。事实上当中国艺术家、学者、政府官员在40年代发现安多的佛教艺术的时候，传统并未断裂或遗失。张大千的努力，虽然有些方面他自己都并未意识到，表明了在20世纪40年代之前，当汉族艺术家已忘却中古佛教艺术构图和技术时，这些重要的文化机制、实践仍在地方画坊中延传，并为现代安多地区的藏族画师使用。

我们可以从一张1943年春天甘肃省安西榆林窟（距敦煌东94公里，青海安多800公里）的照片看到张大千和夏吾才让之间的交流。两位艺术家站在其他追随夏吾才让从塔尔寺到甘肃敦煌石窟的艺术家之间。张大千的家人和来自当时的被重庆国民政府派来的西北考查团来的官员也伴随其中。张大千的行程和任何被政府派遣去研究丝绸之路艺术历史文化、建立敦煌艺术研究所的队伍都不一样。张大千第一次于1940年从成都出发，他去敦煌的半路上在广元——一个在四川中北部的小城市，听到关于他兄弟的消息。于是张大千在那里参观了四川的千佛崖和皇泽寺⑦。1941年5月他离开四川再次到敦煌，去敦煌之前，张大千到重要黄教寺院塔尔寺初步考察，当时的达赖喇嘛去拉萨就职前曾在此学习，这里也是松赞干布（1357—1419）的出生地⑧。在此张大千首次见到了热贡艺术家，当时那些艺术家正在进行着寺院的一个大型的项目。同年年底，张大千专程再次去那里详细地了解他所观察到的热贡画家的画法。在绘画的工艺过程中，张大千注意到这些画家和他的主要不同之处在于他们伸展和准备画布的工艺、加入明亮的矿物颜料，以及描金工艺。张大千不是唯一关注安多的人，许多探险家和政府官员远赴青海、甘肃、宁夏和西川，1932—1948年这些地区都属于东部和中部西藏（安多和康区）。在他们中间著名的人物有带领西北艺术文物考察队的“考古艺术家”王子云先生。王氏和他的队伍还在1941年晚期和1943年去了塔尔寺考察西藏艺术⑨。

在张大千首次与夏吾才让和其他热贡艺术家相遇后，他在敦煌度过了那年的夏天和秋天。张大千派其子于1941年11月返回塔尔寺寻求热贡画师的帮助，希望这些画师可以西去敦煌帮助他复制大量的壁画。此间张大千认识到如果想复制那么大量的壁画——最终他考察了492个洞窟中300多个洞窟，他需要人手来加快效率。但是张大千在1941年末回到并且居留于塔尔寺三个月，这暗示佛教绘画对他来说还是个陌生的话题，而他寻求的不止于技术建议。他意识到热贡艺术家对佛教艺术和图像志的丰富知识能够帮他解读敦煌中古绘画的意义[10]。据谢稚柳——一位和张大千一起做石窟风格的分期研究工作的画师的研究，张大千意识到热贡艺术在技术和图像志上与敦煌相近，热贡艺术似乎提供了理解敦煌绘画意义和风格的关键[11]。张大千雇请夏吾才让和其他画师作为助手于1942年3月离开塔尔寺赴敦煌。有幅照片描述了他们一行人在1943年5、6月的情景，当时他们已经工作了15个月，接近尾声即将回到西宁。

根据三个主要收藏中的敦煌壁画摹本的数目来判断，尽管条件艰苦，张大千一行在15个月内收获颇丰，工作效率很高。至少200幅壁画在不同的纸张上被复制，然后转变为丝绢。[12]那么张大千和这些热贡画家在敦煌怎么样来做这个工作？按照夏吾画师所说的，张大千首先来挑选出那些需要被复制的画，然后热贡的画家根据张大千的指示，将纸在柴油中浸泡使其透明；然后，将纸铺在壁画上，拓出图案轮廓。之后画家们描出壁画上图案的轮廓。张大千在旁边绘制小幅草图、记下关键构图要素，包括颜色、时代风格、独特细节等。然后对照画稿，在张大千建立的石窟底的上寺画坊里转绘到绢布上，绘制更精细的摹本。据四川省博物馆魏学峰馆长介绍，如果张大千感觉所有想要的艺术信息都已齐备，则临摹结束，他会在临摹作品上签名。一些北凉和北周的壁画摹本没有完成，留下眼睛和面部细节以待添加。当张大千于1949年赴香港和印度时，他留下许多未完成的作品在成都，虽然张大千热切地想回到中国，最后他一直没有回去。这些画最后由张大千在成都的夫人捐赠给四川省博物馆，画面上没有面部的描绘。

张大千因为坚信印度壁画是敦煌早期壁画的根源——这时期中国佛教研究中对印度、西藏、阿富汗、中亚之间物品交流关系的理解很不充分，几乎为零。张大千在印度临摹佛教壁画大概有三个月，并在新德里举办了他带来的60幅敦煌壁画的临摹品的展览（展览所得的收入支付了张大千的旅行费用）。离开印度后，张大千的敦煌摹本出现于一系列国家的展览：阿根廷、巴西、美国加州，在张大千返台后，台湾博物馆向张大千要了这些作品。张大千所绘和所售摹本是另外一个题目。本文着重于张大千雇佣热贡画家时的艺术传统。很少有人注意到安多绘画传统和它的中古根源，这与张大千赴印所寻找佛教绘画传统不同。笔者并非意在论述安多艺术的敦煌根源，而在指明有很强区域联系的同质实践。基于现存的中古和现代的草稿材料，笔者试图在物质文化、技术、艺术家的行为、画家的和作品的空间关系上寻求此两种文化的比较与会通。

热贡画家在1943年6月与张大千合作时，他们使用敦煌素材进行个人创作。据夏吾才让讲，他们在作品背后签名，这是西藏的传统。在一幅留存作品中，观音图像以具有鲜明轮廓线的敦煌样式表现。并非中古绘画的直接拷贝，其中古风格中融入了热贡风格的元素，虽以汉文题字，但其上的经文以藏文书写。使用两种语言解释敦煌母题，表明热贡画师在敦煌所遇的佛教艺术可以容易地整合进他们自己的传统。他们在中古和现代间的切换说明历时一年的临摹工作与安多艺术传统并不遥远。通过热贡画师们的诠释，敦煌佛教绘画得以被20世纪中期的中国人理解。这些艺术家创造的绘画明确地表明，12世纪敦煌艺术只有在热贡艺术的视阈中解释才更为合理。

张大千、夏吾才让与其他热贡画家的交流对理解当地文化提供了重要的信息。它告诉我们，在20世纪40年代，绘画活动活跃于热贡地区。画家运用的图像模式连接至过去的昌盛的生产和实践的传统中。对张大千而言，通过此方式他得以接触和了解丝绸之路文化。丝绸之路在1930—1940年是一个时髦的话题。张大千对安多艺术的兴趣应置于更广阔的视阈中审视，是以现代意图进行系统西部考察的一部分。中国的西北地区、西藏东部、新疆以及内蒙古由于国家安全的考虑，成为军事、经济和科学技术发掘的重镇地区。从20世纪20年代到40年代，除了1940—1944年间的艺术和考古考察，国民政府自1932—1948年组织经济、地理、军事、农业考察团奔赴西北。国民政府这一举动和中国国防有很大关系，主要的原因是，西北的国防边线当时是很脆弱的，少数民族控制着那里的地区。西北少数民族与俄国有很多种族和历史的联系。开发共有的自然资源可以在经济上更好地控制此地区，开发交通线有助于更有效地控制这一广大地区[13]。从某种角度上来说，对佛教和古代的文化兴趣居于次位，但西北的历史和遗址，可以解释中国以前在此地的权利与文明。通过考古发掘、地理考察、保护艺术遗存所获得的知识有助于从政治上开发这一地区。政府这一热切的愿望通过宗教实践、地理、艺术遗存和国家安全等元素的交互牵连表现出来。通过集体的努力，学者和政府官员最终掌握了青海、甘肃、陕西、宁夏和四川的各种信息，包括藏传佛教和伊斯兰教是怎么在这些地区流行的，藏族、回族和蒙古族的社会文化习俗等等。

张大千对热贡艺术的热爱必须放在这个历史文化的背景中去理解。他认识到要真正深入进去，必须依靠此地区的现代画师。如果不是这个原因，那张大千必然已经敏锐地看到西北佛教艺术的历史体现于与该地区寺院相连的现代画坊实践中[14]。此事实可以通过热贡艺术家所运用的绘画技术得以证明。我们并没有足够的证据证明，张大千去欧洲的旅行中有机会接触和研究敦煌艺术的第一手资料。这些敦煌的资料在 1900 年藏经洞发现后于 1907—1910 年进入欧洲收藏家的手中。然而，张大千是那种可以研究画工技巧的画家。笔者通过分析敦煌壁画和帛画，发现现代安多和中古敦煌艺术家使用很多相同工具，如粉本、描摹、雕版和记录图像志及仪式的画稿簿。绘画形式在两个时期也延续。本文即试图探讨现在“热贡艺术”与敦煌壁画的内在联系。现代青海的绘画技术，已经在中古敦煌采用，此处举几个反映这种连续性的例证。第一个例子来自 2002 年夏吾才让之子更登达吉的画坊中的绘制过程。更登达吉是五屯上寺的寺管副主任。

学习打底稿是画坊里的基本功，临摹是一项很重要的技术。训练中的艺术家经常在室外做业，因为室外的光线充足，可以照透画面看到背后的稿子。画稿被放在悬置的帆布上，光线透过来，可以看到原稿的黑线。画坊中的直接线描有几种功能。主要的来说，这种技术为年轻的艺术家提供了更有经验的艺术家所制作的基本的构图。当构图和框架有了，不同的颜色再加上去。这种技术除了有助于学习之外，还可以让年轻的艺术家更快更好地延承老师的技术，这是一种学习的方法，也是一种常用拷贝复制绘画的技术，以加快绘制进程。

画坊主要使用两种基本摹写方法[15]。前者完全是制作一种精确的复制品，这种作品要完成的话，就必须按照刚才所述的线描的方式作画。后者将原作放到新画的旁边，捕捉原图最明显的特征。估算尺寸形状，依据原作但可加入个人发挥。这两种临摹的样例在此地区的中古和现代绘画中都可找到。一套9世纪的绢画毋庸置疑地采用了描摹技术，其中有两幅菩萨绢画的图案。左边的手持一个珠宝，右边的举着一个香炉。测量长宽，只差不到两厘米，两个图案在设计和图画形式上都是极其相似的[16]。仔细观察，手臂的姿势、腰和头的倾斜、首饰、衣褶、脚站在莲花柱子上都是一样的。它们看起来不一样，是因为画家小改服装、图案和颜色；经过仔细的观察，可以发现胳膊的位置，画面的构图和头像，长衣带的方向，织品下垂的感觉都是相同的。这两幅菩萨互为镜像，毋庸置疑是依照同一底稿临摹的。它反映了安多艺术所使用的描摹的技术特点。在敦煌这样镜像临摹的画不少，以便工匠迅速画出成对的图像。在现存的敦煌绘画中，很多艺术品都是用相同的底稿这样产生的，包括四大天王的四个方向[17]。艺术家只改变颜色、细节和纺织品的类型，从而体现变化性。

在佛教艺术的世界中，新画和寺庙是重建和维修佛教寺院中不可缺少的一部分。更登达吉视察上庄供奉弥勒佛的寺庙修建，自1999年始历时3年。在建筑过程中，大批木柱依然可见，一旦完工，将被精致的外立面和大石座修饰。屋顶的轮廓线反映了那种典型的“杂交”式热贡地区的建筑风格。此建筑的屋檐反映了中国风格，而巨大坚实的墙结构则反映了西藏风格。里面除了巨大的金色弥勒佛，超过45幅绘画修饰内部，由五屯上庄村的民众捐奉，他们为了这个寺庙的图像系统专门作了这些画。因为很多居民是画师，内部装饰反映了近来绘画史和地区风格。每幅唐卡写有捐奉家庭的名姓题记。作为一个整体，这些绘画表明了地区共性与热贡传统：亮丽的蜡版——在它最光耀的时候展示出一种光亮轻快的效果。没有混着的颜色，所有的造像都被细腻精确地刻画着和被大量的金粉描金着[18]。

复制以往作品并将其融入新的创造之中是现代热贡和中古敦煌的另一个内在过程。这样的系统被使用有千年了。敦煌画师们在6—10世纪绘制了几百窟、几千幅壁画。热贡地区基于上半个世纪的特殊环境造成了对艺术品需求的持续增长。热贡地区的佛教艺术在“文化大革命”中遭到了毁坏，佛教也受到了压迫。但是20年过后，虽然大部分地方艺术已经被毁坏了，新的作品又被继续要求接替老作品的地位。此地最大的两个佛教寺院塔尔寺和拉卜楞寺在90年代初期实施了大规模的艺术项目。在此期间，笔者目睹了拉卜楞寺的享堂的重建。另一个108幅唐卡的项目于1992—1994年展开，主要画师是久美尼玛（Jokmeng Nyema），来自年渡（Nyentok），这个村庄与夏吾才让居住的上庄仅一河之隔。在这个大型的项目中，久美的助手除了有他的儿子达奢（Gar She）之外，还包括他的侄子。有两幅画代表了从打底到完成的典型阶段。其中的女神的头顶部有血红的颜色；典型的热贡艺术式的宁静柔和的线描式白云。蓝色的线框，愤怒的女神被火焰包围着。久美在神龛前临时架起的绘画间作画，每当作品完成的时候，他将其卷起来，作为供奉品。



久美尼玛在未接受任务之前就已经很有名了。像夏吾才让一样，他九岁就开始作画，在“文化大革命”期间被迫离开寺院，脱去僧侣的服装，成为一个普通人。这两位艺术家后来都结婚了，而且成立了大家庭。1999年，久美在年渡定居，住进了优越的住宅区，房屋是用稀有木材建成的，木材上面的刻画有着宏大的风格。据久美自己说，他是著名的年渡画家吉更（Gegan Chos IDan）近百名学生中的一个，而他的老师又是另外一个著名画家的学生。如果能够编辑一部完整的地区绘画的口述史，我们可以发现相似的训练模式。著名的画师带最好的学生，学生又接纳有天分的学生。在“文革”严重地打破了这种师徒训练模式前，热贡地区上百年轻人成为著名画师们的徒弟，大师有源源不断的订单，徒弟为大师工作着，徒弟最终又收自己的学生。这种模式不是速成的，它使传统得以延承：仿照老师的风格描摹，集体完成定件，复制重要的图像志程序，反映了该地区的悠久职业系统。至少三代人以来绘画是热贡地区重要的生计之一，鉴于他们和中古艺术的联系，我们可以推断这一模式可以退回至少是可以发现其延续性到中古艺术中。今天，这种作画的模式再一次试图证明它是该地区社会和经济的重要结构之一。

1992—1993年久美和他的助手们在拉卜楞寺临摹旧画并将

其融入更大的唐卡中。在画坊中,他们撑起一幅弥勒净土;从其状况判断,绘于19世纪末20世纪初[19]。依照旧作,久美的侄子在新稿上发挥。对于其他唐卡的构图,久美参照佛经和赞助人一起商议。图式的设计是把被毁坏的作品拼接起来。

两幅在敦煌藏经洞发现的10世纪的图稿展示了一个连贯性的图示符号。虽然内容不同,但是作品反映了绘画实践的连贯性。在一幅金刚曼荼罗的图像上,中古画家不用文字,而选择在图画中点上了相应的黄、蓝和棕色以表示五个方向动物对应于不同的佛,狮子——大日如来(Vairocana),底部的大象——阿克首比亚(Akshobhya),左边的马对应于宝生佛(Ratnasambhava)表示南方,约略标出其草草的形状。画面上的线条是大概地确定了其形状,而不是很精确,这点表明了这幅画大概就是用于参考的范本,而不是久美在1992—1993年所画的精确的稿子。在中世纪的例子中,所加的不寻常的颜色表明在那个时期的,而且不是画在纺织品上[20]。还有一幅单色尊圣口兄坛天王陀罗尼(Ushnisha vijaya dharani)图表,汉字符号标于二维的盆瓶图像旁,表明水、熏香和灯油将置于容器中,仪式空间的方位被进一步标出,四个主要的方向被标识出来:宗教教主的座位、火炉或者是烤炉、佛像。两个时代的画稿在概念构图上相应,相应性体现空间方向感、材料使用、将用于最终产品完成的技术等方面(工具、格式和材料)。



尽管画稿少有遗留而且不被佛教工作室认为值得保护,但它们却提供了很多关于绘画过程的信息,而且表明了画家所用的实践空间[21]。在此环境中,画坊生产中的持续性是明显的,进而言之,可以设想在处于中古和现代之间的画师们也以同样的方式从事绘画。从此方法推之,可以对比过去和现在的类似主题,包括护卫、菩萨、释迦牟尼、乐土等。这些信息可以让我们从种族考古学的角度上来分析安多艺术。虽然张大千的临摹活动在寺院生产和供给系统之外,他似乎直觉地涉入一个在该地区绵延千年且正在持续的佛教绘画专业传统。在与夏吾才让和其他热贡画家合作时,张大千无意中将这一传统融入主流。这些西藏画师成为一种绘画实践的解读者,而张大千和后来建立官方的敦煌艺术研究所(今敦煌研究院)的人们未能再进入。也就是说,尽管佛教艺术在10世纪末11世纪初广泛传播于东亚,到13世纪其复杂专业技术主要掌握于蒙藏一系。张大千出自基于文人表现的截然不同的另一绘画背景。他的画享有很高的声誉,主要是因为对他个人的崇拜,而不是由于画本身的内容。而在热贡,画师虽具声名,但他们依靠画坊系统的集体合作,有众多助手,咨询僧人详尽的图像志。热贡传统对理解今昔西藏文化中的作坊生产很重要。现任的十四世达赖喇嘛和最近才退休的班禅喇嘛的出生地——热贡,是藏传佛教历史的基础,此地的艺术实践活动具有跨国性。

**注释:**

①谢作:《瞿昙寺》,3 引自 in Rob Linrothe 2001,“Creativity and Freedom”: 55. Linrothe 也有对该地域艺术史的重要概述。

②Bianca Horlemann 的文章“Buddhist Sites in Eastern A mdo/Longyou,”首次系统地尝试确认 8 世纪到 13 世纪间此区域 60 座寺庙的存在和位置,大多数今已破败或不存。逻辑上壁画和唐卡应与这些寺庙建筑相伴产生。

③Roger Gibbs 1991, *Nomads of Archaeology*; Carol Kramer 1979, *Ethnoarchaeology*.



④Fraser 1996,“Régimes of Production.”

⑤此证书是北京市政府于 1988 年 4 月授予他的。此处笔者要澄清有关他的名字、他的弟子和他的儿子之间的问题。他被称作老夏吾才让。他有一个学生,被称作小夏吾才让,作画的风格和他十分的相似(只有在部分的表现手法上有不同,可以让人们看出他们的区别)。小夏吾才让现在退休了,住在西宁。夏吾才让名字的拼写和发音有好几种形式。按照其发音,他的名字应该被念作“夏珀才让”。然而,“珀”此处被翻译为“吾”,这样的话,名字的前两个音节为“夏吾”。同时,在当地的方言中,他的名字被念做“夏吾才让”。在藏语中,有的时候发音和写出来的音节形式是不一样的,经常一个村和一个村之间的方言发音都不一样。在汉语中,他的名字被译为“夏吾才让”,而在记叙他 40 年代活动的汉文材料中,他的名字被翻译为“小乌格郎”。夏吾才让的两个儿子是更登达吉(Gendun Dargay)和索南。前者是他的亲生儿子,后者是他收养的孩子。为了让亲生儿子成为宣誓的和尚,一个和他有亲戚关系的人被收为养子。这两个孩子都是艺术家。更登在自己的寺庙里继续着他父亲绘画风格。索南和城里的黄南艺术中心有着联系。当他的养父还活着的时候,索南经常去他养父亲工作室参加绘画工作。大家可以参见我 2002 年访谈艺术家的录像带,见 http://buddhist-art. arthistory. northwestern. edu/buddhistweb/。

⑥笔者在 1992—2003 年之间共进行了八次的学术研究,来研究热贡的艺术

绘画实践。1992(塔尔寺,同仁,上庄上寺和上庄下寺,以及拉卜楞寺);1993(拉卜楞寺);1997(同仁,上庄上寺和下寺,年渡,戈木);1999(塔尔寺,同仁,上庄上寺,年渡,拉卜楞寺);2002 年 6 月与 7 月(塔尔寺,同仁,上庄上寺,年渡,戈木,伽萨瑞);2003 年 3 月和 11 月(同仁,上庄上寺和下寺,年渡,伽萨瑞——十四世达赖喇嘛的出生地,瞿昙寺,文度寺和十世班禅喇嘛),笔者的最初目的是访问在寺院和民间的画家、雕塑家、复制画的人以及最后的装裱者。然而通过 11 年的各种经历,我开始逐渐专注于作坊和做工。

⑦李永翘 1998,1:180－1。

⑧根据十四世达赖喇嘛家族人的说法,当十三世达赖喇嘛(1876—1933)在 1920 年到 1930 年早期周游的时候,曾经在塔尔寺隔溪相望的地方过夜。他做了一个梦,下世的达赖喇嘛(他的重生)将会在那里出生;狮形的山就是他的转世的象征。

⑨王庆:“王子云年报”,《西北美术》(1995),no. 4。

⑩张大千出于个人目的,私自揭开 11—13 世纪的修复层以寻找 8 世纪的壁画,最终于 1943 年 5 月被勒令离开敦煌。后来他根据从敦煌获取的知识,从伪造许多唐代赝品,以换取所需。

⑪谢稚柳与陈 2001,《张大千临摹》,204。

⑫张大千于 1967 年在台北“国立博物馆”中展示了 62 件敦煌复制品(他在台北最终定居)。四川省博物馆有 60 件张大千临摹的作品和大约 40 件张大千的草稿作品。后期的风格似乎含有早期张大千在台北展出的画的风格。

⑬一项此类考察展开于 1943 年 6 月 7 日至 12 月 17 日,《西北建设考察团报告》,台北:国史馆编印,1987)。

⑭据说吐蕃族的祖先就是西夏虔诚的佛教信徒。他们于 1035 年开始掌握敦煌,在蒙古族 1225 年到来之前一直掌权。

⑮Fraser 1996,“Artist's Practice”and Idem,2004,*Performing the Visual.*

⑯由于图画上部用于穿绳子吊画的三角区已经丢失了,我们这里所说的绢画尺寸,主要是指主要的长方形区域的尺寸。

⑰Fraser 1996,“Artist's Practice” and Idem,2004,*Performing the Visual.*

⑱Linrothe 综述了地方风格的主要特点(2001):17－27。

⑲‘Cham tPyang byang ko. 见 Fraser 1996,“Artist's Practice,”图 185－187。

⑳Fraser, *Performing*, 第三章。

㉑M. de Certeau 讨论了画稿和生产,*Practice of Everyday Life*, 1984。

杨镰

# 探索失落的西部文明

杨镰，中国社会科学院文学研究所研究员、博士生导师。学术重点，是通过对20世纪新疆探险史的研究，关注西部人类与生存环境问题。出版《荒漠独行》、《最后的罗布人》等著作，主编《西域探险考察大系》、《探险与发现》、《中国西部探险》系列丛书。

杨镰先生他的研究不但视野非常开阔，同时他还30多次前往新疆实地考察，有关塔克拉玛干沙漠周边的考察，杨镰先生应该算是第一人，他的研究重点，是通过对20世纪新疆探险史的研究，关注西部人类与生存环境问题。出版了《荒漠独行》、《最后的罗布人》等有关著作，主编了《西域探险考察大系》、《探险与发现》、《中国西部探险》系列丛书。

我今天的演讲内容，实际上也是这些年来在国外最受关注的、有关中国的话题之一。我在国家图书馆曾提到，20世纪五六十年代，甚至是七十年代，国外最好的汉学家是懂《红楼梦》和《西游记》，而现在国外最好的汉学家还应该知道敦煌与丝绸之路、了解西部探险，关注西部的生态环境。随着西部的开发，有关西部的探险越来越受到关注。

1968年我二十来岁，当时北京的人大附中是“造反”最厉害的学校之一，家庭出身不好的学生日子相当难过。那时新疆一个军马场来招工。当时人大附中高三有个学生报了名，在派出所办户口时，民警拿着公章的手迟迟放不下来，说：“我这个章一盖下去，你再回来就登天了，北京的户口甭想再回来！”旁边有人说，他家邻居的儿子从新疆兵团回来探亲，比他爸爸都显老了。结果这个年轻人刚盖了章就后悔了。那个年轻人就是我。

于是我在新疆做了5年牧马人，在军马场调教生马，接着在新疆大学当工农兵大学生。然后去了煤矿。1982年我回到北京，在社科院从事研究工作。我在新疆虽然生活了10年，但其实并不了解新疆，因为我那时的感受就好像是在流放劳改一样，心里很痛苦，老想着要回到北京，回到父母身边。离开新疆时，我把能带的都带上，可是回到北京我才知道我把最重要的东西——青春岁月留在新疆了。所以从1983年开始，我就找各种理由去新疆考察探险，一共去了33次。我写过一个中篇《走向地平线》，地平线看上去并不遥远，天涯就在眼前，只要一站站走下去。那其实写的就是我自己。

我在1968年离开北京去新疆时，曾经向我父亲的一个老朋友冯至告别，冯至先生那时是社科院外国文学研究所所长，因为被造反派抄家，书都被封了，所以心情很不愉快。而且他家的保姆每次见到我都坚持喊我"少爷"，让我感到"恐怖"。要知道"文革"时期，"少爷"等同于"狗崽子"、"反革命"。当冯至知道我要去新疆时，什么也没有说，而是让保姆用热毛巾把封条捂湿，然后揭开封条，从里面取出一本书——《亚洲腹地旅行记》，他说带着这本书你不会寂寞。在新疆这本书都被我翻烂了，掉了哪页我就手抄哪页。后来我保存了它的很多版本。《亚洲腹地旅行记》是瑞典探险家斯文·赫定的自传，号称是关于中国西部探险的"二记"之一，另一本是《斯坦因西域考古记》。它们是关于新疆探险发现最重要的两本书。

提到新疆探险发现，不能不提另外一个人，那就是俄国军官普尔热瓦尔斯基。他是最早向世界报道新疆有野马、野骆驼和新疆虎等珍稀动物的，因此野马的学名也叫"普尔热瓦尔斯基马"。这个俄国人开启了新疆探险的第一步，目前新疆的"三道山加两个盆地"的地理结构就是他首先标注到地图上的，野骆驼也是他第一次记载的。他从罗布猎人手上买下了一头母野骆驼的尸骨，运送到俄罗斯解剖时发现，里面居然还有一个小骆驼，所以俄罗斯的博物馆里就有了两峰野骆驼的骨骼。



普尔热瓦尔斯基也是第一次发现了新疆虎并且命名的，新疆虎最后见诸记载是在1920年，之后就绝迹了。80年代后总有一些关于新疆虎复出的传说，还有人悬赏巨资寻找新疆虎。普尔热瓦尔斯基认为，新疆虎和西伯利亚虎截然不同，最像孟加拉虎，可是热带的孟加拉虎是如何越过帕米尔高原来到塔里木，则无法解释。1876年，普尔热瓦尔斯基在当地人的帮助下，曾经一再捕猎都没成功，他觉得新疆虎几乎是百毒不侵，因为他把大剂量的氰化钾放在牛肚子里，可是新疆虎吃了以后居然没有死。普尔热瓦尔斯基至死也没有得到新疆虎标本。世界上唯一的新疆虎标本，保存在斯文·赫定在斯德哥尔摩的家里。

野骆驼现在已经难得一见，普尔热瓦尔斯基认为野骆驼和家骆驼是两种不同的动物，当时舆论哗然。匈牙利的一个贵族出资让普尔热瓦尔斯基捕获野马，野马跑得相当快，很难追上，普尔热瓦尔斯基就让几个猎人守候在母野马生小马驹的地方，终于捕到了几只，现在国外所有的野马都是这几只小野马的后代。

普尔热瓦尔斯基的重要性就在于开启了一个时代，引起了大家对新疆的关注。普尔热瓦尔斯基之后，就是斯文·赫定的时代。斯文·赫定早年的偶像就是普尔热瓦尔斯基，他曾把普尔热瓦尔斯基有关新疆的游记翻译成瑞典文。普尔热瓦尔斯基死后，斯文·赫定来到了俄罗斯的巴库油田当家庭教师。1890 年，他利用休假越过帕米尔高原，来到了新疆南部的喀什。

喀什当时是中亚的政教中心和交通枢纽，当时居住在喀什的外国人很少，大概不超过十个，斯文·赫定结识了其中两个重要人物，并且得到了他们的帮助。一个是中英混血儿马继业（英文名字是乔治·马嘎特尼），马继业的父亲是英国来华传教士，母亲则是中国的大家闺秀。太平天国时期，在战乱中马继业的母亲嫁给了一个外国人，也就是他的父亲。马继业父亲后来在英国驻华使馆当翻译。马继业那时担任英国驻喀什的总领事。另一个重要人物是一个叫杨哈斯班的英国人，他的中文名字叫荣赫鹏，后来英国入侵西藏的战争与他有密切关系。



1891 年初，斯文·赫定回到瑞典。1894 年，再次来到新疆开始正式的探险。普尔热瓦尔斯基、斯文·赫定和后来的斯坦因，是三个最有名的新疆探险家，他们有几个共同点，其中一个就是终身未婚。

斯文·赫定再次来到新疆时，喀什的外国人社交圈都在议论一件事：一支法国探险队一年前在去西藏的途中失踪了，于是就有了种种传说。19 世纪正处在“地理大发现”时期，西方国家的探险家纷纷去非洲、北极……而救援探险者，是社会关注的问题。斯文·赫定自告奋勇组织探险队想去救援法国探险队，可出发前，法国探险队的副队长和助手回来了，他们的遭遇是：在三江源的通天河，与当地藏民发生了冲突，队长被打死后扔到水中，其他人被关在一个喇嘛庙里，被辗转救出，经兰州、河西走廊回到了喀什。

法国探险队自然不需要救援了，可斯文·赫定箭在弦上不得不发。这时马继业提供了一个信息：在塔克拉玛干沙漠里发现了古城，每次刮大风后古城遍地是金银珠宝，而且有墓葬和各式各样古代的遗迹。对这番话一般人并不相信，因为 19 世纪后期的喀什发展滞后、生活暗淡无光，很难想象出在为流沙掩埋的荒野会有什么惊人发现。斯文·赫定却认为，真还是假，去看了就知道了。

1895年4月10日斯文·赫定离开麦盖提，走进沙漠。

麦盖提是叶尔羌河畔的古老绿洲，塔里木河上游有三条支流——叶尔羌河、和田河和阿克苏河。麦盖提的拉吉里克村村长给斯文·赫定提供了很多帮助，告诉他沙漠中确实潜藏着非常丰富的古代文明，这些文明与当时的塔里木文明有不同的内涵。

斯文·赫定信以为真，开始装备自己的探险队，准备进发。他要作一次从叶尔羌河横穿沙漠到和田河的探险。他买了8峰骆驼，携带3支短枪、6支长枪、2条狗和3只羊、1只公鸡、10只母鸡以及一些测量仪器、2台最高级的照相机、1800张底片、够整个探险队吃4个月的粮食、皮衣、一系列的药品……带了那么多东西，唯独没有带够水，因为他预计6天就能走到和田河。事后斯文·赫定说，我高估了自己的运气，低估了沙漠的敌意。



进入沙漠走了5天，还没走完三分之一的路就没有了水。以后的10天简直是度日如年，想尽了一切办法，比如喝骆驼尿，骆驼尿没了就喝鸡血，可是鸡血黏稠得像玛瑙，只好去喝羊血。他们又在红柳生长的地方挖井，还是不行。斯文·赫定的一幅速写描绘了当时的情形——天上出现乌云，斯文·赫定们扯着帐篷的篷布想接雨水。可雨水没有降到地面就被蒸发了。

大家对这次艰苦卓绝的探险失去了信心，纷纷各奔东西，只有两个人跟随斯文·赫定。后来连他最忠实的俄罗斯籍仆人也倒下了，斯文·赫定只好带着维吾尔族驮夫哈斯木坚持走下去。走着走着看到了人的脚印，这意味着他们有救了，可哈斯木突然发现那些脚印就是他们自己的。哈斯木终于也支撑不下去了。

斯文·赫定只好独自前进，最后他历尽千辛万苦终于来到了朝思暮想的和田河。没有想到的是，和田河是季节河，四五月份这一带的河床里没有水。斯文·赫定万念俱灰，可是天无绝人之路，突然他听到了鸟和鸭子扑棱翅膀的声音，回头一看，天啊，不远处有一个水潭泛着月光。斯文·赫定扑过去"牛饮"一番，许久皮肤才恢复了正常的弹性，而不再是像羊皮纸一样干枯。斯文·赫定得救了，可是还有两个倒在途中的仆人等他去救助，斯文·赫定脱下脚上的皮靴当水桶，灌满了水，然后去救助那两个仆人。这双当年花了6克朗买的靴子现在保存在瑞典的博物馆内。

1992年5月,我在瑞典参加了一个拍卖会,看到了斯文·赫定写给鞋匠的6封信。回到瑞典,斯文·赫定在每年5月3日(也就是他在和田河得救的那一天)都要给鞋匠寄去6克郎表示感谢,一直到鞋匠去世。我的一个瑞典朋友买下了这些信。1992年10月,我和一支多国探险队找到了斯文·赫定获救的那个水池,那水池后来被称为"天赐的水池"、"赫定的水池"和"救命的水池",成为探险史上的经典。同行的瑞典友人用普通的矿泉水瓶盛了一些泉水,当宝贝一样带回到库尔勒的宾馆,可是服务员在清理房间时把它当废物扔了,好在在垃圾桶里找到了那瓶水。至于那个水池为什么在5月干涸期还有水,因为那是个泉眼。在新疆探险家中,斯文·赫定是最知名的。但他是个比较特殊的探险家,很多探险家都是从成功走向成功,而斯文·赫定则是从走麦城开始。

此后,斯文·赫定再次来到和田,重新组织了驼队,但是在塔里木却没法重新弄到照相机。在新的探险途中,一路上斯文·赫定只好用画画来记录所见所闻,后来成了有名的画家,出版了画册,至今还有5000幅画保留在瑞典博物馆。



斯文·赫定首先来到一个沙漠中的古老绿洲塔瓦库勒,再从塔瓦库勒出发,前往东面的著名的内陆河克里雅河。因为人们告诉他,就在这个方向的沙漠中有一座为沙子掩埋的古城。他们始终是沿着一条古河床向东,走了6天,一无所获。可是拉骆驼的人坚持说真有那么个地方,那是他们小时候的"幼儿园",在那儿风刮过后,总能拣到宝贝。斯文·赫定决定继续往前走,只要大方向不错,前面必定是克里雅河,即使找不到古城,那么到克里雅河也算不虚此行。

走着走着眼前出现了树木株距相等的林带,这不过是个死树林。走进枯死树林,人踩在树枝上就如同踩在玻璃碴上。但赫定仍然激动得不得了。因为既然有林带,那么从前这里一定有人类的聚落地。果然,转了一个弯后,就发现了一处遗迹。驮夫说,这里就叫"塔克拉玛干",所谓"塔克拉玛干沙漠"因此而得名。但是斯文·赫定在他的书中又说,当地的地名是"丹丹乌里克"。他们在丹丹乌里克作了停留,然后到了克里雅河。丹丹乌里克是中国近代西域探险史上第一个被重新发现的、有文字记载的古城，后来被证明是唐朝时期西域古国于阗国的一个重镇，由唐朝派驻的汉人士兵把守。丹丹乌里克的神秘还在于，斯文·赫定离开之后，斯坦因也来过，从20世纪30年代起，再也没有见到关于“丹丹乌里克”的报道。1980年中日合拍《丝绸之路》时，丹丹乌里克是拍摄的重点。可是日方租了飞机，每天三四架次，在附近整整找了一个星期就是没找到。于是，丹丹乌里克失踪了的说法不胫而走。

丹丹乌里克发现的重要性在于，它是在中国西部的为流沙掩埋的无人定居区域第一个由探险家发现的真正意义上的、见诸记载的古城，以此为始，之后一系列的古代遗址的发现，使得新疆从历史的后台挪到了前台，失落了若干世纪的、早已不为人所知的古代文明重现人间。从此，中国的西部才吸引了举世关注的热切目光，才成为人类文明的巨大调色板。

《大唐西域记》记载了“唐僧”取经的经过。但是唐僧是偷渡去印度的，回来时在和田逗留了近一年不敢贸然回关内，先派了个信使去试探，唐太宗回复，随时欢迎回国。他才得以东归。



因为唐僧在和田呆了近一年，所以《大唐西域记》关于和田（古称于阗）的描写最精彩丰富。其中的一个说，古代和田没有丝绸，因为中国政府不允许蚕种出关，其目的是保护丝绸贸易。和田王向中国求婚，中国皇帝答应把公主嫁给和田王。聪明的和田王让随从对公主说：“您穿的丝绸非常漂亮，可是我们和田没有丝绸只有毛布，到了那可要委屈了。”随从怂恿公主把蚕种带到和田，那样以后在和田也能有好衣服穿了。结果公主就把蚕种藏在头发里，带到了和田，之后丝绸就在西部传播了。从此和田人把公主称为“蚕圣”，还为她建了座寺庙。在丹丹乌里克的壁画上就描绘了这个故事。唐僧的很多故事居然都在丹丹乌里克找到了出处，所以丹丹乌里克的重要性无与伦比。今天和田的丝绸已经非常有名，也是中国的丝绸之都。

丹丹乌里克是什么意思？斯文·赫定的解释是“象牙的房子”，至今我还没有找到这个说法的来历，但是斯文·赫定的说明必须重视，因为他是第一个记录丹丹乌里克这个名字的。

斯文·赫定还发现，丹丹乌里克遗址和塔里木其他地方不同，因为它不是土坯和砖砌的，而基本支撑是“地龙”。如果有机会去新疆和田地区,还可以在一些乡村发现这样的建筑:两根木头并排放在沙土上,也就是所谓的地龙。中间夹着红柳的枝条,上面再是两根木头一夹,就这样摆上去就是一堵墙,楼兰和尼雅遗址也是这样的,斯文·赫定是第一个记载“地龙”的探险家。斯文·赫定本想把壁画揭下来,可是因为墙壁是用石膏涂抹的,因为年代久远,一碰就碎了。后来斯坦因比他运气好,找到的是木版画。刚才给大家介绍的“公主传丝”等故事,就是出现在木版壁画上的。

丹丹乌里克的发现是里程碑,从此,重新“发现”新疆的精彩纷呈的“连续剧”就算是拉开了序幕。以后,赫定还探访了通古孜巴斯特的原始村落;初次由南向北横穿了塔克拉玛干大沙漠,证实了野骆驼乐园的存在;抵达了罗布荒原,使“罗布泊位置”这个“世纪论战”迈出了一大步。发现楼兰古城是这一过程的必然结果。正是通过这些探险发现、坎坷曲折,世人才确认在风沙肆虐的塔里木,在“生命的禁区”塔克拉玛干,有高度发达的、神秘难解的古代文明潜藏。今天的黄沙、白碛,古道、荒村,是人类文明“退潮”之后的海滩。发现西部,发现新疆,这个令人振奋、使人沉思、开阔人眼界心境的辉煌历史过程开始了。



离开丹丹乌里克,斯文·赫定继续前行,来到克里雅河,沿河到达塔克拉玛干正中间的一个古老飞地。目前英文版地图上标注的地名,是“通古孜巴斯特”,中国地图上标明的是“大河沿”,意思是大河的边上,也就是在克里雅河的边上。我在一篇文章说,通古孜巴斯特是塔克拉玛干的“肚脐”,平平的腹部突然有一个凹下去的地方,这就是通古孜巴斯特,克里雅河源自于西藏雪山,每年有两周时间可以流到通古孜巴斯特,使得通古孜巴斯特成了一个古老的绿洲。实际上这个古老的绿洲是于阗国的佛教徒建立的,1901 年英国科学家对这里做过种族人类学的研究,证明这批人是雅利安人。赫定说,“通古孜巴斯特”的意思是把野猪吊死的地方。通古孜巴斯特给赫定留下了深刻的印象,他记载了这样几件事:当地的老百姓非常寂寞,在寒冷漫长的冬天,全家人或者和邻居一起,围坐在一个枯死的胡杨树边,从树里面把胡杨点燃,然后守着这个“火炬”一直到黎明。当地老百姓穿的鞋也就是野骆驼的蹄子,把死野骆驼的蹄子砍下来,然后把里面的骨头刨出来就成了鞋子。这说明这个地方的文明已经极度的退化。

离开通古孜巴斯特后，斯文·赫定要做的一件事就是第一次由南向北穿越塔克拉玛干。斯文·赫定来到只住着一个人的恰达克地方，"恰达克"在维吾尔语的含义是麻烦。那么这里是谁出了麻烦呢？是河流。从此就再也见不到克里雅河了。恰达克那个唯一的居民对外界的情况什么都不知道，他只知道塔克拉玛干沙漠的尽头就是地球的边缘，但是他对塔克拉玛干环境的变迁非常敏感，他说，这里有野骆驼群。——这是有关野骆驼的记载之中分布最深入的一个。果然聊完了天，斯文·赫定就看见了野骆驼和家骆驼在打架。而且老人说，3年前在门前的胡杨林里还出现过新疆虎，这也是记载里新疆虎最深入沙漠的地方。老人还就胡杨的生长，给赫定提供了非常重要的信息。

斯文·赫定越过恰达克，走进了沙漠，他又路经了一个叫喀剌墩的古城。从此，他就开始了"过五关斩六将"的辉煌行程。抵达沙雅，此后在塔里木河的林莽中结实了罗布人，在罗布泊古老的村落阿布旦受到楼兰遗民的领袖昆其康伯克的接待。在罗布荒原的一系列发现，特别是发现了楼兰古城，使他受到了极高的重视和评价。他也是瑞典国最后一个被封为贵族的人。



这个发现西部的过程给我们的教益极其深刻。

在这样一个荒僻的地方，古代遗迹之丰富远远超出了想象。在塔克拉玛干的腹地，有古代的村落、城池，有废弃的井渠、田畴，这些都是人类文明的遗迹。我们离开通古孜巴斯特去喀剌墩，突然看见一个景观壮阔的干河，河边有一具人尸骨委著于地。瑞典电视一台拍的《斯文·赫定之路》有个段落，就是我们在辩论这具尸骨是怎么回事？有人说，是上游的河水冲下来的。我反对，因为这条河早就干了，至少干了1500年了，可尸骨没有那样久。也有人说，是寻宝人的遗体。我的推测是：干渴已极的沙漠行旅知道原来有条河，就挣扎着来到这里，却发现这已经是条干河了，于是绝望使他垮在了河岸边。实际上是赫定在和田河的经历使我得出了这个推论。

斯文·赫定离开丹丹乌里克后到了克里雅河，然后到了通古孜巴斯特，往前走一点就到了喀剌墩。1989年我们去寻找喀剌墩，因为迷路找了两天，可离开喀剌墩只两个小时就回到了绿洲。事实上古代遗迹与今天的村落几乎近在比邻。喀剌墩的意思是

“黑沙包”，喀剌墩为什么重要？《大唐西域记》记载，于阗国是佛国，其中的一个叫曷劳落迦的古城居民却不信佛，一天，一尊佛像突然从天而降，落在了曷劳落迦的街头，老百姓看到这个佛像无动于衷，这时来了个游方僧见佛就拜，说佛要显灵，大家扔沙子轰他，只有一个老人对游方僧表示了友好。游方僧告诉老人，他们惹怒了佛祖，明天就要下一个星期的沙子以示惩罚，喀剌墩的文明就要灭绝，你赶快走。老人不肯一人逃生，劝大家都跑，可是没人相信他。当晚，阴云密布，天上竟下起了珠宝，更没人肯走了。果然，之后下了7天的沙土，曷劳落迦终于被淹没了，成了一个巨大的沙包。一般认为，曷劳落迦就是喀剌墩。今天的塔里木一些古老绿洲仍然流传着“降土之灾”，灭绝文明的传说。维吾尔语中的“图庞巴拉斯”，就是这个意思。

喀剌墩有着独特的地理位置，正好在塔克拉玛干的正中间，为什么会在“死亡之海”的腹地出现一个壮观的城市？城市的居民靠什么来生存，它保护的是什么？很多问题都没有合理的解释。《水经注》有个很有名的记载，说塔里木地区有两条河，一条南河，一条北河。我们认为“北河”就是现在的塔里木河，而南河已经不存在了，今天塔里木河的南边没有另一条东西走向的河流。可我个人认为这条南河确实曾经存在，这样丹丹乌里克和喀剌墩的存在就有了依据，都是在南河灌溉区域，由南河滋养的文明。南河是在与沙漠扩张作抗争之后败北的“烈士”。我们现在做的一个课题就是“寻找南河”。喀剌墩和丹丹乌里克以及一些新发现的古城，则是我们的支撑点。古城的存在必定有环境依托。



新疆的一个古老谚语说：有水有树的地方，就有人家。而沙漠，就是没有水，没有树，也没有人家的地方。在塔克拉玛干腹地的沧桑之变，不只是绿洲与沙漠的置换，实际是人与环境关系的评判标本。所以我们所做的探险与考察，就是对西部人类与生存环境关系的深入探究，就是为开发西部作“清理地基”的准备。而一个多世纪以来的探索失落的西部文明的历史过程，则是我们的出发点。

吴荣曾

# 从《史记·货殖列传》看战国至西汉的商品经济

吴荣曾，生于 1928 年，北京大学历史系中国古代史专业教授，博士生导师。主要从事先秦和秦汉历史、古代铭刻及考古材料与文献记载的综合研究。主要著作有《中国史纲要》（先秦部分，人民出版社 1978 年版）、《先秦两汉史研究》（中华书局 1995 年版）。

我今天讲的是《史记·货殖列传》的读书札记,是我自己的一些理解和体会,介绍给大家。

大家学过世界史,知道欧洲上古有希腊、罗马。希腊、罗马都经历过比较发达的商品经济阶段。这是西方的历史。中国有没有商品经济阶段?说法不一。或说有,或说无。主张没有商品经济的理由是什么?是认为东西方文化差别太远,西方古代商品经济很发达,中国则不行。但是我们中国自己的史书,例如《史记·货殖列传》,则列出了很多真凭实据,说明在公元前5世纪到公元1世纪,中国也经历了比较发达的商品经济阶段。司马迁在《货殖列传》里面对战国—西汉时的商品经济做了比较全面的而且应该说是非常精彩的论述。另外还有地下出土的简牍材料,像云梦睡虎地秦简,也充分反映了当时中国的商品经济非常发达。从而使我们对这个历史特点确信无疑。



## 一、商品经济产生的具体历史条件

### 1. 产品交换需求的加强

战国与战国以前的历史存在着比较大的反差,这主要和当时社会生产力水平的高低有关系。战国以前由于受生产工具、生产技术的限制,在农业当中,离不开共同体制或某种工作组织的形式,这就是我们在史书里面经常看到的"井田制"。当时,个体的生产力比较弱,这在农业里面表现比较明显。农民个体没有能力独立完成一块地的耕种,他需要依靠集体一起干。"井田制"在中国古代之所以存在了很长的时期而没有瓦解,就是因为生产力较低下,农民种地需要采取一定的协作方式。

但历史总是向前发展的,到了春秋末、战国初,个人的生产能力增强了,种田时把大家集合在井田上共同协作的必要性就慢慢地减少了。到最后井田制甚至成为生产向前发展的桎梏。原来农民需要靠大家的力量把生产整顿好,现在大家一起劳作反而碍手碍脚，不如农民个人来干更合适，这标志着社会生产力提高了。古老的“井田制”到了战国时期没办法再延续下去，“废井田”就提上日程。由于当时各国的条件不一样，废除的时间有先有后。像商鞅变法“废井田”，在战国应该说是比较晚的事情，东方六国比秦要早。秦国在六国中比较落后，东方诸国，如今天山东、河南等地的诸侯国，在当时是非常先进的，各方面的行动都比较快。关中的秦国比较慢、比较晚，到商鞅变法时才把井田制废除掉。

井田制废除以后是怎么样一个情景呢？根据古人的说法，土地可以买卖了，这是《汉书·食货志》记载董仲舒的话。董仲舒认为，商鞅“破井田”以后，土地私有化，可以随便买卖，从而导致了土地兼并，“富者田连阡陌，贫者亡立锥之地”，穷人一点儿地都没有。董仲舒的话是否靠得住？我们说靠不大住。因为古人喜欢以推测古代如何的方式来说今天（这是我们中国人传统的一个习惯），而不愿意直接地说今天如何。实际上，土地兼并不是战国时期应有的现象，它是西汉时期的，但董仲舒不便于说，他就说古代如何，以指代西汉的情况。这一点我们必须要明白。



“井田”瓦解以后，当时的国家还掌握着大量的土地、大片的耕地。在战国时期“一夫百亩”，一个小农户耕种一百亩田（古代的一百亩很小，相当于现在的三分之一）。这样就取代了以前多少家耕种一块井田的集体劳动形式，以个体小农代替了集体耕作，与“井田制”下的集体劳动、平均分配不一样了。

战国时期农民与国家的关系跟以前不一样了。以前农民跟井田发生关系，井田再跟国家发生关系。战国时期就简化了。因为井田这个程序没有了，农民直接跟国家发生关系，也就是说战国时期的农民都成了国家的佃农，耕种国家一百亩田。个人耕种土地必然是多劳多得。个体家庭单独负责一块土地，不管是一百亩还是比一百亩还小一点，他在这块土地上只要种得好，工夫下得多，收成也就多，收成多了，收入就提高了。这跟“井田制”不一样。“井田制”的性质如同吃大锅饭，大伙一起种，种好种坏最后都采取平均分配的形式。在早期的时候这种形式还是必要的，没有这个就种不好田，所以大家必须联合起来。到了以后就不行了，因为个体经济发展起来了，很快就把它给甩掉了。

个体经济调动起了小农的生产积极性。《墨子·非乐篇上》称：“农夫蚤出暮入，耕稼树艺，多聚叔粟。”农民起早摸黑地干，目的就是能多打粮食，可以免受贫穷，走向富裕。确实，战国时期这种情况很普遍，把小片土地交给农民去耕种，显示出它的优越性，而且为社会所认同。如《荀子·王霸篇》说："传曰：农分田而耕，贾分货而贩，百工分事而劝。"《吕氏春秋·审分篇》说："今以众地者，公作则迟，有所匿其力也；分地则速，无所匿迟也。"他们一致强调"分田而耕"的优越性。大伙一起来耕作，磨磨蹭蹭，积极性调动不起来。若分成小块，让农民一家一户负责，就干得非常好，因为和自己的利益挂钩了。这和我们今天的情况有相像之处。

由于改革，农民生产的热情高涨，主要的经济效果就是亩产量提高，为社会提供了更多的剩余产品。《孟子·万章篇下》说当时"耕者之所获，一夫百亩；百亩之粪，上农夫食九人，上次食八人，中食七人，中次食六人，下食五人"。《吕氏春秋·上农篇》说："上田，夫食九人。下田，夫食五人。可以益，不可以损。一人治之，十人食之，六畜皆在其中矣。"就是说，最好的农夫至少能够养活九个人，最差的也大概能养活五个人。古人的这些数字是怎么算出来的，我们现在还不太明白。古代所谓的小农一般都是五口之家，这是比较平均的数字，当然也有比这个数字多的或少的。那么，这五口之家是不是包括在这九个人里面？如果包括在这九个人内，那么除了他自己的五个人以外，可以养活社会上的四个人，最差的养活五个人。这样虽然养活不了社会上的其他人，但足以养活他自己的五口之家。这说明生产力提高了，粮食产量提高了。我们今天计算农业生产力水平也是这个标准。像美国一个农民可以养活大概500个人，前苏联的一个农民可以养活50个人。

大家都承认从春秋到战国是中国历史上的大变革时期，其起点就是从农业开始，最重要的就在于个体生产代替了"井田制"，农业产量有了明显的增加，能养活社会上更多的人。这样就意味着有不少人从繁重的农业劳动当中脱身出来，因为一个农民可以养活比他自己家庭成员多的人，社会上有一部分人就不需要种田。在先秦尤其是战国以前，因为农业产量很低，除了少数贵族以外，大部分都要种田。当时的贵族分卿、大夫、士等几个等级，士是最小的贵族，卿、大夫是大贵族，是剥削者，属于寄生阶层，他根本不需要劳动。士是最小的贵族，他自己可以不种田，因为他是个战士，要打仗，但他们家属得种田。士有一定的俸禄，但养活一家不够，他还得靠家里人去劳动。到了战国时期，有不少人从农业劳动当中脱身出来了。过去农业和手工业分工不明显，手工业只是副业，如今手工业和农业分工加强，成为重要的独立行业。《孟子·滕文公上》有一段孟子跟许行（重农主义者，强调人人都要自己耕种）学生之间的对话，很生动地反映了这一点：

> 孟子曰："许子必种粟而后食乎？"曰："然。""许子必织布而后衣乎？"曰："否，许子衣褐。""许子冠乎？"曰："冠。"曰："奚冠？"曰："冠素。"曰："自织之与？"曰："否，以粟易之。"曰："许子奚为不自织？"曰："害于耕。"曰："许子以釜甑爨、以铁耕乎？"曰："然。""自为之与？"曰："否，以粟易之。""以粟易械器者，不为厉陶冶；陶冶亦以械器易粟者，岂为厉农夫哉？且许子何不为陶冶，舍皆取诸其宫中而用之？何为纷纷然与百工交易？何许子之不惮烦？"曰："百工之事，固不可耕且为也。"

许行戴的冠、用的陶罐都是从市场上买来的，不是自己做的。若自己来做就不能专心去种田。这个例子说明当时的人已经认识到完全自给自足有不好的一面，社会分工才能够更好地提高生产力水平。因此，农业跟手工业很快就分开了，做陶罐的专做陶罐，种地的专心种地。



**2. 私商的出现**

分工以后必然需要进行产品交换。种地的人埋头苦干，只管种粮食，但粮食多了吃不掉，还得拿到市场上去交换。从事手工业也一样，做了很多陶罐，但没有粮食和布匹，也得去交换。农业和手工业之间的交换需求就很自然地加强了，商人应运而生。有人或许要问：商人怎么在战国时期才有呢？这里主要指私营商业，就是"私商"。战国以前也有商人，他们和战国时新出现的私商有很大不同。战国以前的商人都是由国家来养活，他们没有自己的私有经济，此即《国语·晋语四》所说"工商食官"。当时有不少的官商，给官府干活，官府也给他一点鼓励，因为官商也要挣钱。到了战国时期，"官商"当然还有，官府要养活很多工商业者，他们要为官府服务。战国时期有了一个很大的变化，出现了私商。

商人的巨大功绩在于把生产和销售连接起来。陶罐、粮食生产了很多,但最终目的是消费,只生产没用。商人把生产和销售连接了起来,把农人和手工业者的产品送到了需要者的手中。还有一点很重要,就是商人把各地区也连接起来。中国地大物博,各地出产有很多特有的自然物品,这些特产除了当地人消费一部分外,大部分在当地消费不完。商人则能把各地区生产的不同产品沟通起来,让它交流。所以《荀子·王制篇》说:

> 北海则有走马吠犬焉,然而中国得而畜使之。南海则有羽翮、齿革、曾青、丹干焉,然而中国得而财之。东海则有紫紶、鱼盐焉,然而中国得而衣食之。西海则有皮革、文旄焉,然而中国得而用之。故泽人足乎木,山人足乎鱼,农夫不斲削、不陶冶而足械用,工贾不耕田而足菽粟。

不同地域、不同行业的人都能获得其他地域、行业的产品,这主要是靠商人,如果没有商人,北方的木头还是在北方,海边的鱼只能在海边。有了商人,东西可以交流,各种产品都能到达需要这个商品的地方。通过商人作为媒介,使得不同的行业、不同的地区,因为共同的利益而联结起来。



**3. 货币的产生**

跟商人同时出现的,还有一个重要的东西,就是货币。没有足够的钱币就不能满足发达的商业活动。货币在古代很早就出现,商周时期用海贝作货币,还有麻布、铜块等。这些东西在历史上确实起到了一个交换媒介的作用,但只是一种比较原始的货币形态,不是真正的货币。从货币的具体要求来看,都差一点。真正的货币必须具备几个要素。第一,它必须是金属,木块之类不可;第二,必须有较固定的成分,如果在铜里面大量地掺进铅则不行,因为铅和铜的价钱差得很远,铅不如铜值钱;第三,要有规范的形状,或方或长或圆;第四,必须由国家来制造,其上要有国家制造的标记或符号。不具备这几个要素,就不是真正的货币,而只能是一种比较原始的实物货币。到了春秋末战国初,出现了大量的青铜钱币,有空首布,形如今天用的铲子,还有刀币,形如刀。大量钱币的出现和使用是商业发达的一种标志。这种钱币现在经常发现,而且每次的发现不是一个两个,都是成堆,有时候数十斤。例如在北京市,经常发现很多战国时期燕国的货币——刀币,还有布币。这反映出当时这种钱币在社会上流通非常广泛,数量非常之多。否则,我们今天大概很难从地底下得到这种东西。

货币的几种功能在战国钱币身上都有所显示,特别是价值尺度和支付手段。从云梦秦简中可以看到,当时很多东西,如手工业品、农产品、牲畜,都有价钱。云梦秦简里面清楚地记载麻多少钱一斤,米多少钱一斗,麻布多少钱一尺,一头猪值多少钱,一头羊值多少钱,等等。不仅是实物,甚至于包括人的劳动力也有价格。劳动力也可以用货币衡量出来,云梦秦简记载当时一个体力劳动者一天的工钱是八个钱或者六个钱。这很值得注意,它表明货币已经成为衡量商品价值的尺度。不同商品的价格分别是多少,如今人们可以轻而易举地就知道。一件商品值多少钱,表明生产这件商品的时候所投入的劳动量。费工少的商品就便宜,费工多的商品就贵,因为它包含的劳动力多,所以就更值钱。在西汉的简牍当中,我们看到有价格的东西就更多了,甚至也包括官吏的薪俸。像西汉最小的官吏每月的薪俸大概是400到600个钱,高级官吏的薪俸则高达几千钱、上万钱。凡是有价钱的东西,必定是在市场上可以流通、能够买卖的商品。如果我们发现古代记载中的物价非常多,就可以证明当时市场上流通的商品非常多。



至于战国货币具备支付手段的功能,其表现之一是当时出现了金钱的借贷,依靠资本放贷来生息,使钱增值。这在战国时期很普遍。表现之二是租税采取货币的形式。自从国家出现以后,老百姓都要向国家交税。古代交税一般是实物,即实物租税,比如交粮食、麦秸、干草等。到了战国时期,开始交钱了,百姓不是向官府交多少粮食、多少麦秸、多少高粱秆、多少干草,而是交多少钱就可以了。

这些都说明当时钱币普遍使用,使得很多物品都转化成为在市场上可以买卖的对象。《货殖列传》对此记得非常详细,当时在市场上的商品各种各样,有农产品,如稻米、小麦、小米等;有蚕丝、麻;有林产品,如竹、木;有畜产品,如牛、羊、猪,还有皮革、油(牛油或者猪油等脂肪类的油);有矿产品,如丹砂、银、铜、铁等;有手工业品,如木器、漆器、绢帛等,甚至包括我们吃的酱、醋这些东西,都在市场上作为商品出售。在司马迁笔下,从战国到西汉,市场上的商品已经是包罗万象,几乎可以说是应有尽有。这些情况都说明这个时期商品经济非常发达。这是对过去的自然经济的一种否定。自然经济是自给自足的经济。生产某个东西,目的是使用它、消费它,而不是去售卖。商品经济和自然经济不同的地方就在于生产不是为了自己去享用,而是为了把它拿到市场上换成货币。在商周时期,中国主要还是自然经济占主导地位,生产不是为了交换,而是为了消费。

战国时期的商品经济有很多值得我们深入研究的地方,例如当时商品发达的情况,在后来唐宋时期都没有再出现过。这很值得注意。从道理上讲,唐宋时期的生产力水平当然比战国时期要高,但恰恰在商业发达的程度等方面都赶不上战国。首先表现在商人的权威性方面。这个是很奇怪的事情,战国时期,商人登上历史舞台以后,立刻就显示出他非凡的身份。像《货殖列传》记载的计然(又作倪)、白圭、猗顿、郭纵等,都是当时最有名的大商人,而且都不是一般的商人。所以说有些情况跟唐宋都不好比。唐宋时期的富商很多,但是没有权威性的人物。战国时期则出现了很多权威性的商人,很了不起,名声非常大,神通广大。更重要的是他们生财有道,能以很少的钱作为资本,逐渐越赚越多,最终成为巨富。这种人在战国时期很多。这一点很重要。

其次,战国时期的商人在掌握了金钱的同时,也慢慢取得了政治上的认可,甚至于取得了政治地位。这也是中国以后没有的,因为后来一直是长期地"贱商",压制商人。战国时期不是,商人受到社会上的尊重。像司马迁所讲,大商人神气得很,所到之处,当地君主都要来接见他,跟君主分庭抗礼。商人由于经济地位和政治地位的提高,必然要从政,在政治领域谋求发展。例如,白圭做过魏国的相国,吕不韦做过秦相。这在当时是很平常的事情,以后的中国则没有,商人不再能凭着他的财富而做官,遑论高官,有时甚至连科举考试都不能参加。因此,战国时期的商人可以从政,而且能发挥很大的作用,这带有特殊性。

商人从政的现象不能小看。众所周知,秦始皇统一天下,在中国历史上是很大的功劳。但是大家不要忘记,秦始皇年轻还没有掌握大权之时,秦国的铁腕人物是吕不韦。《史记》记载,吕不韦在得势之后,处心积虑要灭六国。吕不韦不是一个简单的商人,他有政治头脑,认识到秦国仅在关中称霸还不行,必须把六国灭掉,统一天下。所以,秦始皇灭六国的想法很早在吕不韦心中就已经产生了。吕不韦对秦统一六国的功劳很大。现在我们一提到统一六国，就将功劳都归秦始皇，这不完全准确。当时周王室所在的洛阳分成两个小国，东面的叫东周，西面的叫西周。东周到了战国的时候又分裂。东周就是战国末年吕不韦率军队灭亡的，这是秦灭六国的一个序幕。所以秦灭六国立头功的，是吕不韦，不是秦始皇。因此，我们不能像过去那样，总认为商人是剥削者，唯利是图，不足道。事实上不是这样，他们在中国历史上的作用不能低估。

《史记》说，过去只有贵族拥有政治权力和财富，在社会上有地位。战国时期有两种有势力的人，一种是贵族，靠政治起家，另一种地位非常高的就是商人、大的手工业者。所以司马迁说，“千金之家比一都之君，巨万者乃与王者同乐”。意思是一个人家里如果拥有千金，就跟拥有一座城的贵族地位相等；如果财富多得至“巨万”，那么就可以享有与诸侯国王同样的快乐。战国商人竟然跟贵族、君主放在同一个位置上，这个现象在中国历史上是很特别的事。



第三，战国时期的人对经商经验有所总结，这也很值得注意。把商业实践提高为一种理论，这是以后没有的。经商实践有很多经验，战国人在实践的基础上总结出一套理论，他们的理论反过来必定会起作用，可以使他们的经验扩散开来，教会别人经商。诸子百家里面有一家专门讲“轻重”，是根据商品经济的规律总结出来的一种理论。“轻”指物价便宜，“重”指物价昂贵，当然“轻重”还可以讲别的。白圭、计然等大商人不仅有经商的经验，而且已经把它升华为一种理论，他们是公认的“言治生”者之祖，就是发财致富的祖师爷。

## 二、商品经济的深远影响

商品生产和交换的发达虽属于经济现象，但是它对于社会和政治文化都产生了极为深远的影响，因此，不仅仅是个经济问题。

### 1. 货币经济对于社会结构产生了极大的冲击波

恩格斯讲过一句话，大意是说商业在古代就跟酸类一样，对于旧的社会机体具有强烈的腐蚀作用。恩格斯这句话用于理解战国时期的变化是再恰当不过的了。新兴的商业起来之后，原来已经快腐朽的旧的社会机制、政治机制全被腐蚀掉了。

战国以前，原始社会氏族制的残余还保留着，没有完全肃清，因为它还有用，还能发挥作用。任何社会的历史都是从原始社会的原始公社，发展到进入国家，进入阶级社会。我们过去研究历史有这么一个缺点，人们往往用“一刀切”的办法。就是说一旦进入阶级社会以后，好像旧的东西都没了，只有新的。历史绝不这么简单。历史就是这样子，旧的东西到了新的时代不一定淘汰，很多残余还要保留下去，甚至于保留很长时间。例如井田制，实际上还是带有氏族制的残余，大家集体耕作，共同分配，还是原始共产主义的原则，这一特征在商、西周甚至春秋时期一直存在。但是到了战国，这些残余的东西失去了存在的价值。例如，战国时期的人趋于个体化、小家庭化（五口之家）；战国以前则不是这样，是“族”的形式（“族”这种形式到很晚还保留着），人的活动无法摆脱族的影响和牵制。商周时期的族很多。当时甚至国家的军队也是以“族”来组织，跟后来的中国军队不一样。一族之长率领自己的族众组成一小支军队，国家把这些族结合在一起成为一支大的军队。人和族的纽带还没有完全割断。族具有很大的稳定性，甚至过了几百年也很少改变。当时的贵族都是大家族。



西周春秋时，社会阶层比较简单，主要包括两部分，贵族和平民（庶人）。贵族人数比例很少，是有权者，非常富有。平民很多，是无权者，一般非常贫穷。古人讲，“劳心者”要靠“劳力者”来养活，贵族自己又不种田，主要靠广大农民把他们养活。所以，农民很苦。这种对立跟后来的对立不同，这两部分人都非常稳定。社会穷人与富人之间的转化在古代几乎没有，很少看到哪个平民忽然飞黄腾达。只有某些贵族下降为小贵族，但仍为贵族。贵族与平民都带有世袭性，很难转化。

战国时期，随着贵族阶层的没落、分化，产生了一个新的社会阶层——士。此前，文化是贵族专有的，只有贵族能读书，老百姓不能读。贵族没落了以后，一部分贵族由于过去有文化有知识，就靠知识来谋生，称为“士”。

这样，战国时期的整个社会组织随着经济的发展而产生变化，出现了四种人，即士（知识分子）、农（新兴的个体农民）、工（手工业者）、商（商人）。这四种人的划分不是以其身份，而是以其职业来划分。这四种职业的出现反映了分工的社会化，这在先前是没有的。

战国以前，社会结构非常稳定，不同阶层之间很难转化。战国时期形成的新型市民社会虽然分成了四种不同的职业，但是四种职业之间很容易转换。无论士、农、工、商，做得好就能发财或获得高官厚禄，否则即穷困潦倒，这类事例在战国时期很多。这就使社会上产生了一种竞争机制，使人们认识到职业本身并不能决定从业者的前途，重要的是看本人有没有才能。一个人要靠努力、勤奋，还要有机缘。司马迁用很简单的几个字来形容说“巧者有余，拙者不足”，灵巧的人会动脑筋，能发财，日子过得绰绰有余；比较笨拙的人，就难免穷困。他还说“能者辐凑，不肖者瓦解”，意思是有才能的人就像车轮把很多辐条都聚到车轴上面一样，能够成功致富；没有才能的人则难以致富，难以成功。他以此来形容当时有的人靠才能，在竞争中成功了，有的人则失败了。

过去的人成功是靠好的家世，这在战国时期行不通了，一个人今日腰缠万贯，明日可能一文不名。人的成败不再根据他的血缘、出身，而是靠本人的努力和奋斗。这是破天荒的事情，就是司马迁说的“庶人之富者或累巨万”(《平准书》)。在新的社会秩序中，有一些身份很低的平民老百姓可以靠竞争，攒下上万的资产。而不少旧贵族不求上进，逐渐衰落，但他们接触文化比较早、比较多，这些人在新的社会里，还会发挥自己的作用，形成一个新型的身份——士。士不是靠他的家族势力，而是靠自己的脑力劳动来换取这个地位。总之，战国时期的士、农、工、商四个阶层的人都可以通过竞争、通过自己的努力成为社会的精英，成为卿相。

**2. 经济的发展促进了文化、教育的发展**

由于农业剩余产品增多，使得劳力与劳心的分工在战国时期明显地加强了。有些人可以不必再从事耕种，他们靠出卖自己的脑力劳动为生，成为脑力劳动者。春秋战国以前，多数人不识字，掌握文化知识的人很少，此时则相对增多。受到商品经济的影响，官府不能继续垄断知识，原来“学在官府”的传统无法维持下去，知识与学问逐渐向社会扩散，走出象牙塔。下层人也能够学习和掌握知识。《韩非子·外储说左上》记载魏襄王时，中牟士人中章、胥己因学问渊博而被提拔任用为中大夫，分给他们田宅，“中牟之人弃其田耘、卖宅圃，而随文学者邑之半”。很多农民看到读书可以做高官，就把田产扔掉了，到城市里面去找个老师，学点知识，然后凭着自己的优势当官。

教育得到充分发展。当时的教育机构有官学，即官府设立的学校。当时齐国在临淄设“稷下学宫”，实际上就是官学，是国家设立的一个大的研究院，大学一样的教育、学术机构。另外还有私学，比如说孔子、墨子都有很多弟子(中国历史上的教育一直是官学、私学两条路)。官学、私学造就了不少学术权威，诸子百家就是这样出现的。诸子百家学说出现以后，对人们的世界观、人生观的确立起了很大作用，他们的思想一直流传到现在，对中国历史产生深远的影响。比如儒家，其历史地位特别重要，影响最大；儒家之外，道家的影响也很大。儒道思想已经烙在中国人的脑子里，所以有人说这些学说实际上成了中国的民族性格，深深影响着中国。《大英百科全书》里面有一个词条提到中国的“儒”，说儒家思想成为中国乃至世界上一种具有永恒价值的东西。我们民族的特性、民族的性格里面有很多都是从战国遗留下来的。恩格斯也说过一段很有意思的话，他说古代发达的文明是和商品经济同时开始的。我觉得这句话说得非常深刻，而且非常符合中国的实际情况。中国几千年的文明，我们现在回过来看，夏、商、周三代虽然已经有了很高的文明，但是都赶不上战国秦汉时期。战国秦汉时，中国历史发展上了一个很高的台阶，这是和商品经济同时起步的。恩格斯的这句话应该是放之四海而皆准的，中国历史就是从这条路走过来的。



**3. 商品经济对政治、法律产生了广泛重要的影响**

首先，商品经济对政治方面最重要的作用是对国家体制的建设，起了非凡的作用。我们现在还是回过头来看，商、周时期的国家是什么样的国家呢？从外表看商、周好像是一统的，但是我们说不全是。它是一种既是一统的又是分权的国家。它并不是集权的。商、周这两个国家表面上看好像是大帝国，实际上它们里面包含了很多零碎的小块，好像一个大布包把它们包在一起。实际上里面不统一，小块和小块之间有的时候没什么关系。而中国从秦汉到今天，一向是一个集权制的国家，全国的臣民都要根据中央政府的政令，围绕着政令转。以前不是这样，以前它是分散的，没有集权的问题，也没有统一的问题。商、周为什么会出现这种现象呢？有刚才我讲的氏族制的残余没有完全被消除的结果，人跟人之间都是一个氏族，一个大的族群、部落。在先秦，战国以前，就像老子所说的，老百姓之间或国与国之间，基本上是“老死不相往来”。到了战国时期，集权制获得发展，而且新的官僚体制跟国家体制有关。

战国以前的官僚是什么人呢？是贵族。贵族与官僚是一回事。《左传》讲诸侯国“公子、公孙”，“公子”即诸侯之子，除太子外，皆称公子。“公孙”即诸侯之孙或从孙、再从孙。这些人都是当大官的，是世袭垄断的，官僚被贵族给垄断了。从战国开始就不同，贵族衰落，开始任用新兴的官僚。这些官僚从哪里提拔？是从平民当中选拔。“学而优则仕”，知识分子靠着他的努力可以做大官。有一点我觉得也很重要，就是我们中国人一直讲的，做官必须要有文化知识，都必须要读书人，有知识的人。这是中国的一个古老的传统，没有知识不能当官。

战国开始，原来分散的、分权的制度，带有氏族残余的，统统被消灭了，必须建立集权制。新的官僚体制确立起来了。大大小小的官吏，不再与君主有血缘关系，都是普通百姓，从平民当中提拔上来的，这样就形成了新的官僚。过去的贵族官僚有个麻烦，他们是君主的亲属，是世袭，即便有某一位贵族作梗，君主也难以随意任免，使得国家机器运转不畅。对新兴的官僚，君主则可以随时任免。如此，官吏对政府有一种责任心，工作有积极性。新的官僚体制确立之后，大小官吏都要向君主负责，取代了原来宗法制的贵族观念。这是一个很巨大的进步，只有这样国家机器转动才更加灵活，政府的工作效率大大提高。

在这种巨大的进步里面，我们也看到了商业的影响。韩非喜欢用商业的概念去看一些事物，他把国家、政府、君主和官吏的关系，也用商业的观念去看。《韩非子·外储备说右下》有个比喻，说：“田鲔教其子田章曰：‘主卖官爵，臣卖智力，故自恃无恃人。’”意思是君主卖爵位给大臣，大臣把他的聪明才智卖给君主，君臣之间的关系是一种买卖关系。韩非可能受商业影响比较深。实际上也基本如此，君臣之间确实成为一种契约关系。对官员的报酬实行“薪俸制”，更是带着商业的烙印。商周时期的贵族官僚是从国家那里领到一块土地和种地的百姓，百姓种田有了收成，拥有这块土地的贵族就可以去征收粮食。现在变成了工薪制，按月发工资，也有给实物的。这完全是现代化的一种方式，具有商业般的雇佣关系。君主和大臣有点像雇主和被雇佣者的关系。显然，国家体制、官僚体制经过改造，已经受了商业运作的启发和感染。韩非子的话是有道理的。

商业的发达也使得各个地区之间的经济联系加强了，彼此之间互补，增强了各个地区之间的凝聚力。这一点很重要。中国的地域如此广大，如果地区之间都是像以前那样分散，彼此间缺乏联系，我们很难想象怎么样在政治上成为一个大帝国。商业最早先把各地区之间联系加强了，然后在政治上统一才成为可能。

战国时期，与经济制度、政治制度方面的变化相适应，法律也发生了重大变化。经济方面最引人注目的变革是私有财产的发展。很多人通过经营手工业、商业发财致富，有的人则破产，“鬻妻卖子”，这必然导致贫富分化加剧，引发一些社会问题，像抢劫、盗窃，对新兴的私有财富形成威胁。这样，法律面临着一项新的历史任务，需要增加相应的内容，保护好私有财产。战国时期《法经》中的第一部分就是《盗律》，第二部分是《贼律》。《法经》把这两部分的法律放在最前面，说明当时的法律把打击侵犯私有财产的罪行、保护私有财产置于优先的地位。在《秦律》当中我们看得更清楚，《秦律》中有关抢劫、偷盗的条文最多，判刑也最重。它有一个标准是六百六十钱。如果说谁抢了或者偷了他人六百六十个铜钱，会受到很重的刑罚。有时所盗窃东西的价值还不到一个铜钱，那也得判刑。可见当时的法律对保护有钱人的利益作出的处罚是多么严酷。



商品经济对法律的渗透或者说影响很多。例如说，量刑的标准根据钱数。像前面提到的秦律中的六百六十钱。如果盗窃了一头猪和一只羊，官府判刑时就合计猪和羊所值价钱，按照价钱的多少判刑。量刑标准用钱，这是战国时期跟后代不太一样的地方。历代都有量刑标准，比如唐朝是以绢折合，《唐律》规定对盗窃罪判刑时，以绢来折合所盗窃财物的价钱，算一下值多少尺或多少丈绢。从这一点来看，战国的货币经济比后来唐朝在某些方面更发达，量刑用钱，多少钱判什么刑，说明法律从“金钱至上”的社会中过来，自身也沾染了金钱的烙印。

另外，法律条文当中有相当一部分是针对官吏的。中国自古以来官吏法比较发达。后来《唐律》中有《职制律》，主要是针对大小官吏。先秦法律对官吏采取行政处罚和刑事处罚两种方式，例如对于贪污行为要追究刑事责任。韩非讲过一句话，他说：“人主者，守法责成以立功者也。闻有吏虽乱而有独善之民，不闻有乱民而有独治之吏,故明主治吏不治民。"贤明的君主治理国家主要是要去管理好那些官吏,而不是管理老百姓,老百姓没什么可管的,官吏很重要。这个就说明管好官吏比管百姓重要得多。所以贪污一直是中国历代法律里面非常看重的一个内容,严惩贪污。

**4. 商业经济的发达推动了奴隶制的转变**

这也是个大问题。战国时期商业好像是一个大轮子一样,把各种物品,不管是牛、马、竹子、木头,这个大轮子把这些东西都转进去,变成商品。最有讽刺意味的是商品转动的同时,把人本身也给转进去了,人变成了奴隶。司马迁的《货殖列传》:

> 通邑大都,酤一岁千酿,醯酱千瓨,浆千甔,屠牛羊彘千皮,贩谷粜千钟,薪稿千车,船长千丈,木千章,竹竿万个,其轺车百乘,牛车千两,木器髹者千枚,铜器千钧,素木铁器若卮茜千石,马蹄躈千,牛千足,羊彘千双,僮手指千,筋角丹砂千斤,其帛絮细布千钧,文采千匹,榻布皮革千石,漆千斗,糵麹盐豉千荅,鲐鮆千斤,鲰千石,鲍千钧,枣栗千石者三之,狐鼦裘千皮,羔羊裘千石,旃席千具,佗果菜千钟,子贷金钱千贯,节驵会,贪贾三之,廉贾五之,此亦比千乘之家,其大率也。



司马迁在这里列举了很多买卖于市场上的商品名称,其中既有醯酱、浆、牛羊彘皮、谷物、薪稿、船、木、竹、轺车、牛车、木器、铜器、铁器,也有马、牛、羊、彘,而"僮手指千"竟然也列入其内,这说明奴隶在当时已经和马、牛、羊等一样,成为市场上的商品。

特别是我们现在看到地下出土的云梦秦简里面有《日书》,《日书》经常讲当时的臣、妾、人民。"臣"、"妾"古代指的就是奴隶,男奴隶为"臣",女奴隶为"妾"。"人民"也是指奴隶。《日书》记载说老百姓在市场上买牛马、买粮食,还买臣妾。卖东西也是这样子,哪天卖了一头牛、一匹马,同时卖了两个臣妾。那就说明当时奴隶的买卖非常的普遍,任何地方的市场上都有。老百姓经常在穷困的时候把奴隶卖掉,日子比较好了以后又买进奴隶。买进、卖出非常频繁。这证明中国在这个时期奴隶的买卖非常发达。这个是过去没有的。

过去奴隶来源于贵族的赏赐,市场上一般买不到,因为战国以前整个商品经济不发达,市场上买不到什么东西,一般都是自然经济，所以也没有奴隶。我们看《左传》里边记载，君主打仗，俘虏了多少俘虏，回来就分给贵族家里当奴隶。买卖也可能有，但是个别现象。但到了战国时期就成了普遍的现象。这个意义也很重大。奴隶劳动要在社会上占据比较举足轻重的地位，必须能够买卖。人跟机器一样，有个新陈代谢的问题。我们看古代使用奴隶的人一般都买年轻奴隶，他有体力，奴隶使用多少年之后，老了，体力不行，他马上要补充新的。到哪里去补充呢？到市场上买。从战国到西汉，在市场上买卖奴隶的情况相当多，甚至有专门的市场，跟买卖水果一样。市场上的奴隶被木栅栏围起来，关在里面，由主人去挑选。没有奴隶买卖，奴隶就不能成为社会的一种非常重要的劳动来源，因为它有新陈代谢。我们过去所编写的中国通史，通常都认为到战国时期奴隶制已经成为一种残余，很少了。有的人甚至说战国时期、秦汉时期虽然有奴隶，这些奴隶都是穿着丝绸衣服，不从事主要生产劳动。现在从地下发掘出来的材料反映的情况正相反，证明当时相当多的奴隶都是种田的。《史记》也记载说，手工业者开矿山都用奴隶，炼铁也用奴隶；商人做买卖，从事长途贩运、短途贩运，也是很辛苦的，也靠奴隶去做。可见，农业、手工业、商业方面都有奴隶。所以我们说这个时期奴隶劳动有很大发展。这个是过去没有的，是一种历史的进步，它使得各项生产的规模有了扩大。总之，战国时期的奴隶被广泛地用于生产，属于发达的劳动奴隶制。



商品经济的发展也会给社会带来一些负面影响，出现贫富分化等问题。人为了利、为了金钱会做出不少越轨的、伤风败俗的举动。司马迁也承认这些，《货殖列传》说：

> 其在闾巷少年，攻剽椎埋，劫人作奸，掘冢铸币，任侠并兼，借交报仇，篡逐幽隐，不避法禁，走死地如骛者，其实皆为财用耳。

又说：

> 吏士舞文弄法，刻章伪书，不避刀锯之诛者，没于赂遗也。

百姓造假钱，盗墓，甚至于抢劫杀人，官吏造假文书以贪污钱物，都是因为有利可图。社会上出现的种种犯罪现象，与以前民风淳朴形成了很大的反差。早期“井田制”之下，人都很穷，大家都一样，不存在偷盗、抢劫，整个社会也比较稳定。中国历史上农民起义很多，但是在商周时期我们看不见，基本上没有。百姓吃大锅饭，都能吃饱肚子，很少起来反抗。但是从另一方面看，商品经济的发展，整个社会富庶了，人们的精神面貌有所提高。所以司马迁引用《管子》“仓廪实而知礼节，衣食足而知荣辱”的话，并说“礼生于有而废于无”。这是千古名言。百姓吃饭穿衣都没问题，自然彬彬有礼，遵纪守法；百姓如果没吃没穿，就管不了什么礼节和廉耻，会起来造反。

司马迁还说：

> 君子富，好行其德；小人富，以适其力。渊深而鱼生之，山深而兽往之，人富而仁义附焉。富者得埶益彰，失埶则客无所之，以而不乐。夷狄益甚。

有钱人“好行其德”，去施舍、救济穷人，这样在社会上就获得一种名声，人们说他仁义道德，此即“人富而仁义附焉”。司马迁认为不要奢谈仁义道德，它背后有经济的原因。有些穷人想做也做不到，没有钱，施舍什么？有钱人能“行其德”，就是因为有经济实力。总的来说，在一个比较富裕的社会里面，人的精神面貌普遍比贫穷落后时期的人要好。



## 三、重本抑末和自然经济的再现

在商品经济兴盛的同时，社会上传出一种不太和谐的声音，就是重本抑末。重本抑末就是重农轻商。古人看不起商人，把农看得重要，认为农是本，商是末，不重要。这是一种不正确的看法。但是这种不正确的看法一直在社会上发挥着它的作用。

中国是个农业社会，农业起主要作用。商业兴起以后，对农业、农民可以带来一定的好处，但不可避免地对农业也产生不利的影响。由于当时广大的小农是国家政权的重要基础，那么它就要保护小农的利益。而商人，因为会侵犯农民的利益，所以国家要干预。这是其一。

其二，中国历代君主、皇帝最担心老百姓当中有钱人太多，怕有钱人。古代有句名言说“甚富不可使”，老百姓太有钱了，君主对他就指挥不动了。这是君主最怕的。战国时期这么多富商、有钱人，君主对这个比较发愁、担心。中国后来的皇帝实际上不只对商人，对地主也是这样，过一个时期就要“搏击豪强”，怕老百姓太富了。地主有很多田地,有很多人可以支配,这样就形成一种跟官府对立的力量,这对国家是不利的,一定要把他搞掉。历代都打击商人、打击有钱人。

由于这两个原因,君主对商人有厌恶之情,当时的社会舆论也是这样。诸子百家的言论尽管对商人反应不一,不过比较多的人都是把农业看得比商业更重要。特别是法家,完全是一种深恶痛绝的态度。《韩非子·五蠹篇》说“其商工之民,修治苦窳之器,聚弗靡之财,蓄积待时而侔农夫之利”,是“邦之蠹”,国家的蛀虫。所以,他建议说:“夫明王治国之政,使其商工游食之民少而名卑,以寡趣本务而趋末作。”君主一定要用残酷的手段打击商人,否则,就会招致国家“破亡”、“消灭”。秦始皇肯定受了韩非、商鞅的影响,公开地表示“皇帝之功,勤劳本事。上农除末,黔首是富”(《秦始皇本纪》二十八年琅邪刻石),即重视农业,去掉商业(“除末”)。这比“抑商”走得更远。

商业发达本身是经济发展规律的一种体现,用人力、政策、法令来限制,实际上是限制不了的。抑商的政策、法令虽然对商业会产生不利的影响,但要跟客观经济规律作对是行不通的。例如,刘邦做了皇帝以后,颁布的法令规定:“贾人毋得衣锦绣绮縠絺纻罽,操兵,乘骑马。”(《汉书·高帝纪》八年条下)商人不许坐马车,不许穿绸缎、刺绣和毛织的衣物。但是商人照样坐最漂亮的马车、穿最好的衣服,这些法令没用。后来贾谊就说“白縠之表,薄纨之里,緁以偏诸,美者黼绣,是古天子之服,今富人大贾嘉会召客者以被墙”(《汉书·贾谊传》)。晁错也说:“今法律贱商人,商人已富贵矣;尊农夫,农夫已贫贱矣。故俗之所贵,主之所贱也;吏之所卑,法之所尊也。”(《汉书·食货志》)商业的发展是客观经济规律,政策法令试图消灭它,是违背规律的。

从公元前5世纪左右兴起的商品经济经历了几百年的历史,到了西汉,是它的最盛期。汉武帝时,搞了一系列打击商业的活动,当时很多商人破产了。因为国家用法令打击商人,公开地打击,用政权的力量,商人无力抵御。后来到了王莽时期也是如此。东汉又明显地限制商业。这样,战国以来发达的商品经济到了东汉时期进入衰落期。到了三国时期,商品经济几乎就全军覆没了。从三国开始又是自然经济抬头。

商品经济的衰亡跟“重本抑末”有没有关系呢?有关系。但更主要的还是内因。内因在哪儿？从战国晚期开始，不动产的土地可以买卖了，土地私有化发展起来。到了西汉时期，土地买卖、兼并的问题就严重了。董仲舒指出当时“富者田连阡陌，贫者亡立锥之地”，他提出解决方案：“古井田法虽难卒行，宜少近古，限民名田，以澹不足，塞并兼之路。”通过政策来阻止土地兼并。因为土地兼并得太激烈了对政府不利。

当然，土地兼并也是客观经济规律的一种体现，政策法令是阻止不了的，王莽时期想阻止土地私有，规定天下所有的土地都是“王田”，限制个人占有土地的数量，结果失败。到了东汉、魏晋，是中国历史上大土地发展比较厉害的一个阶段。

大土地发展起来以后有什么特点呢？古代的大土地经营，都是采取多种经营。因为一大片土地的自然条件有差异，肥沃的平地之外，还有河流、池塘、山坡等，只种粮食不行，需要搞多种经营。例如在池塘里头养鱼，在盐碱地、草地上放羊，等等。这种大庄园对市场的依赖性减小，又回归到自给自足的经济状态。要吃肉，有羊肉、猪肉；要木材，有树木、竹子；甚至要用药，庄园里面也可以自己种药材，加工成药丸等。这样自给自足经济的程度越来越高，对市场的依赖就越来越小。大土地越来越多，市场经济就越来越不行，所以衰落下去了。衰落到三国时期，应该说到了顶点，货币失去了流通的价值。从三国到西晋、东晋，几乎没有公开铸造过铜钱，这个在中国历史上是少见的现象。汉朝曾大量地铸钱，唐宋时代也大量地铸钱，唯独这个时期没有。为什么呢？自然经济占主导。自然经济就是“小而全”、“大而全”，什么都有，它跟市场的关系就少了，这对商品经济起到一种釜底抽薪的作用。三国时期自然经济一个很重要的标志是货币不流通了，出现了实物交换，“谷帛为市”。谷就是粮食，帛就是绸子。到市场上买东西，拿多少石粮食、多少尺绸子，去跟人家实物交换。从货币经济的发展来看这是一种退步。



## 小 结

战国到西汉的商品经济，应该称作“简单商品经济”，它跟资本主义的发达商品经济不同。尽管如此，它们都是商品经济，有共同点，例如追求利润、唯利是图、拜金主义等等。司马迁说：

“天下熙熙，皆为利来；天下攘攘，皆为利往。夫千乘之王，万家之侯，百室之君，尚犹患贫，而况匹夫编户之民乎！”天下之人都为一个“利”字在奔忙，人为自己的利益而行动。这和资本主义确实很相像。因此，过去有人把它误作为中国历史上最早的资本主义，这是不对的。人类历史的发展规律，是按照奴隶社会—封建社会—资本主义社会的顺序，不可能资本主义社会先出现，后来又发展成为封建社会。这是历史定位的错误。

实际上在人类历史上，在结束氏族公有制残余以后，欧洲的希腊、罗马出现了简单商品经济，古代的埃及、巴比伦、印度也如此。铁器时代的特点是，各个先进的文明国家在进入封建社会以前，有一个阶段的商品经济比较发达。中国古代历史也是这样。战国时期的商品经济对当时的国家体制、官僚体制、文化，都起了非常重要的作用，是中国上古史里面不可缺少的、很重要的一页。过去大家对于这方面注意得不够。近来不少人开始研究，仍有很多内容现在还是研究得不透。



有一点值得注意，国外有一些人根本就不承认中国古代有过商品经济。他们认为中国古代属于亚细亚生产方式。在人类历史上亚细亚生产方式是既没有奴隶制，也没有封建制，而且它的特点是专制主义。我们说专制主义是政治形式，跟经济没有关系。在专制主义政治之下也可以有封建经济，也可以有奴隶制经济，因此西方人的这种观点讲不通。实际上这种观点背后隐藏着欧洲中心论。欧洲中心论不承认人类发展的共同规律，认为西方是一种规律，东方又是另外一种规律。西方人看不起东方，看不起亚洲，认为西方永远是发达的，希腊、罗马有很发达的商品经济，世界上其他地方特别是东方没有，东方都很落后。把商品经济看成是西方古代历史上的专利品，完全违背事实。《史记·货殖列传》、秦简、汉简等材料都有力地证明了中国古代存在着商品经济这样一个历史阶段。不仅中国，西亚、印度等也都遵循人类历史共同规律。所以说欧洲中心论是一种民族偏见。

今天虽然讲的是历史上的问题，距离现在2000多年，但是对我们今天还是有很大的现实意义。为什么？中国人在2000多年前，跟欧洲应该说是一样的，他们有商品经济，中国也在发展商品经济，我们当时的社会非常繁荣、富强。欧洲人不太愿意承认这样的事实，歪曲地说我们是亚细亚生产方式，比较落后的，而且一直到现在,仍认为今天的中国跟古代走的道路好像是比较相像的。

战国至西汉的商品经济非常发达,使历史前进的速度大大加快,一年要等于过去多少年,国家繁荣富强。今天也是这样,中国的经济迅猛发展,是我们几乎没想到的。我们应该“以古为鉴”,认识古代历史,有助于更好地了解今天,这应该是历史对我们发挥的一点作用。

来新夏

# 藏书·读书·治学

来新夏，浙江杭州萧山人，1923年生，1946年北平辅仁大学历史系毕业。从事古典目录学及中国近代史教育与研究工作。曾任南开大学图书馆馆长、图书馆学情报系主任、出版社总编辑兼社长。现为南开大学历史系教授、地方文献研究室主任、中国近代史史料学学会名誉会长。主要编著有《古典目录学浅说》、《近三百年人物年谱知见录》、《中国地方志》、《中国古代图书事业史》、《中国近代图书事业史》等二十余种。

## 一

藏书是关于一个人文化素养的问题，也是一个人读书、治学的发轫点。宋朝藏书家晁公武曾论及汉王粲、宋宋绶之能称一代博学者，就因为他们"自少时已得先达所藏故也"。此可见藏书之能涵育人才。当然藏书之功尚不仅于此，其更重要之作用乃在于保存、传递一国、一民族之文化，使之世代相传弗替，为立国之基。"藏书"一词可能最早见于《韩非子·喻老》，文中说有一名徐冯者，曾告人说"智者不藏书"，这当然是指私藏而言。"藏书"既已成为专有名词，则藏书的事实当已较为普遍了。



中国最早的正式藏书是官藏，始于周秦。它与公藏、私藏，并成中国藏书事业的三大系统，而私藏历来备受学者注意。私藏与私学兴起有关，私学的兴盛使图书开始由官藏传入民间，一些"士"为了谋求利禄，到处发表政见以取悦国君，因而需用大量图书来丰富和充实自己的论点，如苏秦在各国游说失败后回家，受到冷遇，于是"陈箧数十"，发奋读书，说明苏秦有几十箱私藏。名学家惠施有简书五车，成为"学富五车"成语的原始。自此以后，历朝学者几乎都有相当数量的藏书，流传着许多动人的故事。

中国的私藏事业一直贯穿着"仁人爱物"的精神，虽然以藏为主，但不少藏家都愿意其藏书为人所用。如东汉的蔡邕因爱王粲之才而举所藏相赠。南齐崔慰祖聚书万卷，邻里少年来家借书，他都"亲自取与，未尝为辞"。晋范蔚藏书七千余卷，远近来读者常有百余人，他不仅允许借阅，还为读者"置办衣食"。这种慷慨借阅的观念一直存在于不少藏书家头脑中，明末有一位藏书家李如一就持一种"天下好书当与天下读书人共之"的态度。所以他"每得一秘书遗册，必遗书相闻；有所求借，则朝发而夕至"。当然在当代，我们的仁人精神已不是局限于"当与天下读书人共读之"，而是有"当与天下人共读之"的气概。清末绍兴人徐树兰父子建古越藏书楼，出家藏向社会公开借阅，开藏书楼走向现代图书馆的先声。至于对书的“爱物”，从汉以来就有文献可稽。汉代已开始用竹制小箱子（箧）分类置放图书，以免图书受损。魏晋有一个叫曹曾的人修了一个石窟藏书，命名为曹氏书仓，隋炀帝是为后世所非议的皇帝，但他对图书的爱物之心，却极为后世所称道。如《旧唐志》即盛称“炀帝好学，喜聚异书”，并创制了多种图书储存设备。明代范钦建天一阁藏书楼，对防火、防蠹、防潮和防散失都有相应的措施。有的学者为了访求有价值的书，不惜纡尊降贵，亲到书市去搜寻图书，如清初的王士祯就按期在书市出没，把许多有价值的图书收藏、保护起来。正由于我国对图书有这样一种仁人爱物的人文精神，才使中国成为世界上一个善于保护图书文献的国家。

清朝学者好藏书，但在认识上却有藏书家藏书与读书家藏书之分。如钱曾、黄丕烈以“佞宋”，即专一注重宋版书为藏书的宗旨，视书如古董。孙从添则以藏书为个人癖好，用做鉴赏，这些似非藏书正道。更有以藏书做市易以谋生者，则更无足与论了。我认为只有读书家才是真正有意义的藏书家，清代中叶江阴有一位藏书家名承应韶者，藏书极丰，“广求佳本，必依次读终卷”，这是为读书而藏书的藏书家。另一位著名的藏书家张金吾对藏书与读书有着很精辟的论述。他说：“欲致力于学者，必先读书，欲读书者，必先藏书。藏书者，诵读之资，而学问之本也”；又说“藏书而不知读书，犹弗藏也”，“读书必藏书，藏书为读书，乃历代藏书家之宗旨”。这些论述把藏书与读书的关系说得很透彻。所以说，藏书的主要目的是为读书。



## 二

读书是藏书的主要目的，而读书是为了做学问，也就是为了治学。但并不是所有读书的人都做学问。有的读书只为消遣和享受，一目十行，匆匆而过，凭自己的兴趣，愿看就看，甚至废寝忘食地看；不爱看则或加浏览，或翻不数页就掩卷而眠，这些人即使读书破万卷，也如烟云过目，一纵即逝，最多留下点模糊的“书影”而已。另一种人很明白怎样读书，也知道如何读书才能有得；但只进不出，吞噬着别人的成果，以填塞自己的知识空白。这类既不像牛那样，吃草出奶；也不像春蚕那样，啮食桑叶而吐丝不止，直到献出自己的生命。这类人可能博览群书，满腹经纶，却就是不出奶吐丝，不再创造新的知识，不使旁人受益，还自鸣为“述而不作”。这类人不是怕别人看透自己腹笥深浅的懦夫，便是自私者、守财奴。明明是掠取前人的精神财富，偏偏要深藏不露，自以为独得之秘，不愿有益社会，宁肯烂在肚里，最终与自己共化灰烬。我鄙视这两种人。却敬重另一类读书人，他们不放弃吮吸一切可取的知识，不吝惜自己的精力，焚膏继晷地反复咀嚼，像蜜蜂酿蜜一样，创造出有用的知识，贡献自己的成果，济世利人，其中更有一些人，甚至把读书方法和窍要都毫无保留地对后学倾囊相授，他们是值得尊敬的真正读书人。

谈到读书，必须先知道读什么书？当然要读好书，但也不能采取封闭性的态度，而应比较广泛地读书。不要视离经叛道之作如洪水猛兽，避之唯恐不及，成为新道学先生，而应在博览群书的基础上，吮吸精华，排除糟粕。这样的长期积累，读书必能有得。对于反面的图书，只要能善于分辨，又何所畏惧？如果这部书持之有故，言之成理，也可能得到某些启示。至于对那些低级、鄙俗，甚至淫秽下流的书，还是节约点生命为好，不做无谓的牺牲。读书要由浅及深，循序渐进。不要贪多务得，而要不断回味咀嚼，创造新知识。



凡读书要先读序或前言，这一点常被人忽略，但它却是非常重要而必须养成的一种习惯。因为书的序或前言是严肃的作者对全书写作缘起、目的和主要内容的概述，是为让读者对自己的著作有一种轮廓性了解。当你读完作者的序或前言，你就会抓住全书的纲。至于他人所写的序，有的人严肃认真地写序，对全书进行评论，则应一读以帮助对本书的阅读与理解。而某些捧场敷衍的序则大可弃置若粪土，无须为之消耗精力。其次是从头到尾地读一下目录，就可以知道这本书的主要内容与篇章结构，一位负责任的作者所写的目录，往往是各篇章的提要。读了这些再去读全书，就比较容易通贯了。

在通读全书时，不要羡慕古人所说的“一目十行”，那是“英雄欺人”的骗人鬼话。读书不要一掠而过，而应该“十目一行”地去读，即精神贯注地认真阅读，养成一种“好学”的学习态度。这是读书的基本出发点。努力多读些书叫“博观”。“博观”是为扩大知识面的基础。但是，仅仅“好学”与“博观”是不够的。而是要再经过“深思”来“约取”才行。如果不把“博观约取”与“好学深思”紧密结合好，即使读书破万卷，也如入宝山，空手而归。如果把前二者结合得好，那就为做学问提供了广袤的用武之地了。

## 三

读书不是为读书而读书，而是为了能掌握更多的知识和资料，做有益于社会的学问，也就是人们所说的“治学”。“治学”不是读几天书就能一蹴而就的，它需要有一个艰苦的积累过程。在积累过程中，既会有“目轮火暴，肩山石压”的苦状，也会有“时或得之，瞿然则喜”的乐趣。但在走了一段路后，回头检阅所得，往往感到所积累的资料有许多是无用而嗒然若失，甚至认为自己干了蠢事，实际不然，因为当初在读书中所积累的资料绝对认为是有用的，只是由于现在眼光水平有所提高，所以才有“觉今是而昨非”的感觉。因为有了这些“无用”的基础，才能锻炼出抉取“有用”的能力，而且这些“无用”是否真的“无用”，也许是水平所限，未能看出其有用的内涵，也许虽不能当正面材料用，还可用做旁证或背景材料，所以在“治学”的起始，应审慎地对待“无用”。



在“治学”上，务必尽量求读原著。清初的大学者顾炎武曾说过这样一段话：“尝谓今人纂辑之书，正如今人之铸钱。古人采铜于山，今人则买旧钱，名之曰废铜，以充铜而已。”有位学术前辈曾告诫我说：“‘采铜于山’与‘废铜铸钱’确是亭林不磨之论。但难被放言空论者所接受，甚或被嗤为舍近求远。”他还说：“挑水者，用桶从源源不断的河里挑水，用完再挑，水无穷尽；倒水者，则由别人从河里挑来的水桶中倒水，虽云轻而易举，但倒水时洒一些，势所难免，一如资料一转再转而走样。一旦别人之桶空，则不知别人桶中之水从何而来，只能‘望桶兴叹’，继而环顾四周，是否有挑好水之水桶等人来倒，如一生中只知倒别人桶内的现成水喝，而不论清水浑水，只要是水就行，其后果实不忍设想。”我静聆教诲，不禁叹服前辈功底之厚，见解之深，能以浅近语言阐明深刻至理。

治学的基本点是勤奋坚韧。勤的要求是四勤：勤听、勤读、勤思和勤写，而其根本在勤读，勤读方能博涉，博涉方能使知识源源输入，方能逐渐走向专精。在读的过程中要善于发现问题，即所谓“致疑”。有疑就要不断寻根究底，即所谓“勤思”。疑而后思，思而后得。思而不得，就一面再去涉猎，一面就要勤问、勤听，不仅要听前辈、同辈的高见，更要听后辈的新说。只要有一得之见，就要吸取，一字可以为师。四勤的最后是落实到“勤写”。“勤写”说起来容易，做起来则比较难，特别在青年时期，常因贪多求快，自恃记忆力强而忽略记写资料与思想，但岁月推移，读书所得的痕迹日见淡薄，似是而非，终而等于白读。如果随读随写，日积月累，自然成一文章仓库，随时取用，得心应手，由片段成整篇，由多篇成专著。这不仅只是积累，而且还是一种磨砺。一般情况下，勤是治学的不二法门，但人的一生不可能永远一帆风顺，遇到点挫折与逆境，往往消沉、颓废、懒散、嗟叹，以致把一二十年的岁月都在无形中蹉跎和荒废掉而追悔莫及。越是挫折，越应该以韧相待而勤读多读，一以解挫折的抑郁，一以充实腹笥，等待“用世”的机遇。

治学要冷而不能躁，冷能冷静地搜集资料，构思撰写，不是闹哄哄地赶时髦，发高论，迎世媚俗，写空洞无物的文章。这正是历史学家范文澜教授所说“板凳宁坐十年冷，文章不写半句空”的真谛所在。成文之后，也不要急于发表，因为这时最容易昏头昏脑地自我陶醉，而应先冷处理。请水平比自己高的、与自己水平不相上下的以及稍逊于自己的三类人看，集思广益，然后静下心来，反三复四地思考、修改，直至定稿。待文章或著作问世后，更不能热气腾腾，不可一世，而要冷静地听取意见，增订纠谬。如此，才有可能慢慢地走近大学问家的座位。



## 四

最近几年，我对藏书、读书与治学诸问题曾写过一些片段小文，也常和一些年轻朋友谈过这些方面的内容。为了把我对这些方面关系的看法和想法连贯成一体，遂从一些小文和谈话记录中摘引部分资料，草成本文，以表述个人的见解，那就是：藏书是中国有悠久历史的传统文化现象，不是单纯为收藏和鉴赏而藏，更主要是为读书人读书创造条件。读书也不是为读书而读书，而是从读书中撷取精华，形成思想观点，为治学奠定基础。至于治学必须要恪守“立足于勤,持之以韧,植根于博,专务乎精”的规则。这些见解,纯为愚者一得,仅供参考。是否有当,至祈指正。

据《藏书家》第3辑(齐鲁书社2001年6月)整理